Collection Carnets d'alerte

Pour en finir avec la faim dans le monde, 2017.
Les Semences, un patrimoine vital en voie de disparition, 2017.
Les Excès de la finance, ou l'art de la prédation légalisée, 2017.
L'eau que nous sommes. Un élément vital en péril, 2018.
Vivre mieux sans croissance, 2019.

L'HUMAIN
AU RISQUE DE
L'INTELLIGENCE ARTIFICIELLE

Carnets d'alerte

Dans une société où l'information est omniprésente, il est parfois difficile de s'y retrouver. Aucune vision globale, tout est divisé, les informations cruciales se retrouvent noyées, banalisées : difficile pour le citoyen de faire le tri.
Pierre Rabhi et Juliette Duquesne ont eu l'idée de réaliser des « carnets d'alerte » sur des thématiques capitales et globales dont les conséquences peuvent être graves pour l'humanité.
Cette collection propose d'alerter le lecteur sur des questions cruciales et d'une extrême gravité : la faim dans le monde, les semences et les OGM, la place de la finance, l'utilité ou non de la croissance… Autant d'enjeux qui nous concernent au plus haut point et requièrent toute notre attention. Comprendre ces problématiques doit contribuer à l'éveil des consciences.
Philosophe et paysan, Pierre Rabhi prend de la hauteur et donne un aspect poétique et analytique à ces sujets. Journaliste, Juliette Duquesne propose aux lecteurs d'avoir accès à une information synthétisée, aussi juste et précise que possible. Deux approches complémentaires.

PIERRE RABHI
JULIETTE DUQUESNE

L'HUMAIN AU RISQUE DE L'INTELLIGENCE ARTIFICIELLE

PRESSES DU CHÂTELET

Notre catalogue est consultable à l'adresse suivante :
www.lisez.com/presses-du-chatelet/47

Presses du Châtelet,
92, avenue de France
75013 Paris

ISBN 978-2-3819-5034-1

L'intelligence artificielle, fille de l'aptitude humaine

Avant de réfléchir à ce qu'est l'intelligence artificielle, il paraît essentiel de tenter, s'il est possible, de définir et de nous entendre sur ce qu'est l'intelligence tout court. Ce préalable est d'autant plus nécessaire que le concept est déterminé par les facteurs que de nombreuses cultures ont validés en les adaptant à leurs diverses perceptions et conceptions du monde. Ce terme a, par conséquent, trait à un phénomène concernant toutes les cultures et exprimé dans toutes les langues. Cependant, a-t-il pour tous les humains la même signification qui serait sa validation et sa consécration absolues ? Il faut, en la circonstance, distinguer le monde de l'oralité stricte dépendante de la seule mémoire et celui que l'écriture a pérennisé et propagé.

Aujourd'hui, où que nous soyons, nous sommes informés par un système satellitaire auquel le cosmos donne un espace quasi illimité et qui ouvre probablement à de nouveaux miracles, mais pour quelle finalité ? Ne sommes-nous pas en train de renoncer à la joie d'exister pour faire don à

Prométhée de cette existence entre le berceau et le tombeau ? Cette existence qui exige de renoncer à ce que la vie nous offre de plus précieux pour satisfaire au Produit intérieur brut (PIB) de nos nations.

Une nouvelle divinité s'est ainsi érigée dans l'âme même du bipède et cette forteresse inexpugnable entretient un désir jamais assouvi, comme une flamme sacrée. De grands textes nous ont été transmis et ont permis de connaître ce que nous n'aurions jamais connu sans ce moyen que seul le mammifère humain a pu propager avec une mémoire défiant les siècles. Il est évident que si l'être humain n'avait pas été doté de cette faculté appelée « entendement », il n'aurait certainement pas survécu. Il est, en effet, l'un des mammifères, si ce n'est le seul mammifère à être le plus démuni physiologiquement et par conséquent l'un des plus vulnérables face à l'implacable loi de la survie, fondée en particulier sur les antagonismes naturels qualifiés de « loi de la jungle ». Celle-ci a été abusivement considérée comme un phénomène exterminateur, alors qu'il s'agit d'une régulation nécessaire à un équilibre entre les espèces, pour la survie de tous.

Avec le « rien ne se crée, rien ne se perd, tout se transforme », Lavoisier a magnifiquement résumé un principe intangible sans lequel le phénomène « vie » dans sa totalité se serait, depuis belle lurette, irrévocablement interrompu. Nous n'existerions ni pour le constater et tenter de le comprendre, ni pour en jouir ou en souffrir, ni même pour advenir et continuer à exister. Le néant serait et nous ne serions pas là pour le concevoir ni le constater. Le néant n'existe que parce que nous existons. Nous voici donc dans l'absurde. Il y a dans ce constat la révélation d'un grand mystère qui fait de l'être humain une conscience enrobée de chair ou, ce qui est plus élégant, un organisme de chair magnifié par ce phénomène appelé âme. Nous sommes dans cette exception qui nous permet de jouir de la beauté universelle ou de celle que l'on tente de traduire avec les divers arts spécifiques à notre humanité comme modes de révélation de nos subjectivités.

Dans ce domaine, la diversité des expressions est foisonnante. Des amis paysans africains mouraient d'ennui à l'écoute d'un magnifique quatuor de Beethoven que ma culture européenne m'avait prédisposé et rendu apte à savourer. Des amis européens finissaient par se lasser à l'écoute de percussions répétitives préparant à une exaltation finale, quand il ne s'agissait pas de ces transes qui saisissaient ma propre mère, suite à une danse effrénée provoquée par les tambours de musiciens hors du temps. Dans ce registre, les exemples sont nombreux. Ils mettent en évidence que l'être humain reste identique à lui-même en tout temps et tout lieu, quelles que soient son apparence physique ou sa culture.

De nombreux stratèges et potentats générés par la violence humaine ont « intelligemment » massacré leurs semblables sur les champs de bataille et reçu des éloges pour avoir été efficaces en la matière. Il est difficile de juger les individus car nous sommes tous plus ou moins déterminés par le contexte global d'un monde dualiste. La résolution de cette dualité, qui serait l'œuvre de l'intelligence, est sans cesse ajournée. L'instruction que j'ai reçue à l'école française de mon oasis algérienne et saharienne, dès mon plus jeune âge, faisait une large place aux victoires françaises dont il fallait retenir les dates. Il s'agissait de la jubilation des victorieux, causant souffrances, lamentations, tandis que l'humiliation des vaincus produisait dans le même temps les germes de la revanche. Le fameux « œil pour œil, dent pour dent » était assuré, ce qui, en fin de compte, ne donne que des aveugles et des édentés, selon l'expression de Gandhi.

Victoires et défaites cohabitent, se génèrent l'une l'autre inexorablement. Il m'est difficile de voir l'œuvre de l'intelligence dans ces faits d'armes. J'y vois plutôt l'assouvissement d'un instinct destructeur, fils suprême de l'ignorance et de l'archaïque peur dont on peut encore et toujours évaluer l'ampleur au perfectionnement des armes produites au sein des diverses nations. Au lieu d'exorciser l'angoisse, la course aux armements lui donne une amplitude sans précédent, en même temps que des profits monstrueux pour ceux qui les produisent. Il n'y a là que banalités, si elle n'était la négation de l'intelligence. La paix entre les nations, qui serait l'expression de la plus sublime intelligence, ne cesse d'être reportée. Il est probable que les esclaves de la mort ne souhaitent pas une paix qui les rendrait obsolètes et veillent à maintenir l'hostilité comme leur véritable trésor de guerre. On pourrait presque être reconnaissants à la bombe atomique d'avoir instauré le fameux équilibre de la terreur. Celui-ci est probablement le premier facteur d'assagissement du phénomène humain entre les nations possédant cette terrible force de frappe. L'instinct belliqueux est réservé aux nations disposant des seuls moyens élémentaires pour assouvir leur méchanceté.

Dans le même temps, cet ordre artificiel révèle notre incapacité à instaurer un vivre-ensemble universel avec ce qui serait, à l'évidence, une élégante manifestation de la véritable intelligence. Magnifier et sublimer cet instinct contraire à l'intelligence est la seule solution que l'on ait trouvée pour le justifier avec force arguments dont le caractère fallacieux s'est imposé en bravant la raison et l'intelligence. On ne répétera jamais assez que des humains massacrant des humains témoignent de l'échec de l'intelligence. Analyser la cause de cette terrible abomination nécessite un examen minutieux de la psyché humaine dont il est l'enfant contre-nature. Le sentiment d'amour, une fois libéré des sensibleries romantiques qui trop souvent le dénaturent et l'amoindrissent, se manifeste comme une immense et authentique énergie et donc la manifestation d'une immense intelligence.

En 2019, les dépenses militaires dans le monde étaient estimées à 1 917 milliards de dollars[1]. Avec l'abolition des armes, pourquoi ne pas rêver que les budgets exorbitants qui leur sont consacrés soient mis au service de cet esprit bienveillant dont on pressent la réalité en puissance au cœur de chacune et chacun d'entre nous dès notre venue au monde ? Hélas, l'éducation fondée sur l'antagonisme, l'individualisme, le compétitif, étouffe au cœur même de l'enfant que nous fûmes tous cette vertu qui pourrait changer la face du monde.

Par exemple, je ne me sens pas « écologiste » par simple raison raisonnable ou par les seuls arguments « scientifiques », mais par une sorte d'intelligence amoureuse, inspirée par la splendeur de ce mystère que nous appelons la vie. Nous oublions trop souvent que nous sommes nous-mêmes l'œuvre de ce mystère que nous nous évertuons à percer avec la science, la connaissance et la philosophie, sans vraiment y parvenir. L'être humain a les attributs nécessaires pour unir et harmoniser la raison, la sensibilité, l'esprit et l'esthétique, toujours sous l'égide de l'intelligence, cette faculté qu'il est, semble-t-il, le seul mammifère à détenir. C'est du moins ce qu'il proclame lui-même pour se convaincre qu'il est la merveille de la Création, voire son accomplissement ou la fameuse « cerise sur le gâteau ». Il serait le couronnement d'une réalité et d'un processus qui, étant inexpliqué, demeure à ce jour inexplicable et le restera probablement inexorablement. C'est peut-être la raison pour laquelle certaines écritures dédiées à la métaphysique invoquent la révélation. Il s'agirait d'une sorte de dévoilement ultime qui permettrait peut-être et enfin de comprendre et de savoir ce que Socrate déclarait magistralement et en toute vérité ne pas savoir.

Il est probablement toujours nécessaire de rappeler que l'être humain, depuis son avènement sur la planète Terre, a fait preuve d'une spécificité, à savoir l'aptitude à penser, en même temps qu'une habileté manuelle sans précédent. Nous avons tendance à confondre aptitude et intelligence. L'aptitude nous a permis de créer la bombe atomique. L'intelligence serait de réussir, comme je le rappelais, à mettre fin à toute dualité. Les facultés d'aptitude nous ont permis de concevoir notre rapport au temps, servi par un cerveau particulièrement complexe et extrêmement perfectionné dont, paraît-il, nous n'utilisons qu'une petite portion. Sans ces aptitudes, l'être humain aurait-il survécu ? La mort lui a fait prendre conscience de sa nature irrévocablement périssable et a généré anxiété et angoisse, en même temps qu'un vaste champ métaphysique pour imaginer une suite à la mort physique au profit de l'âme.

Il faut également rappeler que le « phénomène humain », tel que le qualifient paléontologues et anthropologues, est très tardif dans l'évolution générale d'une Création attribuée à Dieu, hypothèse infondée pour ceux qui en récusent l'existence. On estime que cet avènement s'est produit une à deux minutes avant la fin d'une journée de vingt-quatre heures, si l'on rapporte l'âge de la Terre à cette durée. Ainsi les humains ont-ils pu, grâce à leur aptitude exceptionnelle, orienter et donner une histoire à leur présence.

Ces données, qui pourraient être arbitraires, sont la création du cerveau humain indexé sur sa propre durée, et ainsi de suite. Abolir le temps dont nous sommes les prisonniers ouvrirait à l'infini ou à ce que nous appelons « éternité ». Une grande part de la préoccupation du genre humain a consisté à surmonter la finitude comme anéantissement irrévocable pour créer, avec la métaphysique, un prolongement de la vie sous une forme non incarnée ou réincarnée. Dieu sait, s'il existe, ce que la peur du néant a généré dans notre imaginaire collectif. On a même attribué une grande part de la violence de l'homme contre l'humain à ce mystère et ouvert un large espace à tous les fantasmes, à toutes les interprétations qui ont uni ou divisé notre espèce.

Les médias nous informent chaque jour de la survivance du meurtre continu que la surabondance de l'appel à la paix ne semble pas changer comme les âmes pacifiques le souhaiteraient. Toutes ces turpitudes sont servies par des aptitudes extraordinaires au service d'un esprit belliqueux, entretenu comme une flamme sacrée. Elles sont dans le même temps le pire des outrages infligés à l'intelligence. Les événements dont l'imprévisibilité n'a jamais été aussi patente exigent d'être attentifs pour conformer nos vies et nos agissements à cette intelligence. C'est à ce niveau de compréhension que l'écologie doit désormais se placer pour être en diapason avec la symphonie de la vie.

Au vu, par exemple, de ce que le nucléaire, comme paroxysme du mal, peut produire et dont le Japon est le plus habilité à témoigner, l'intelligence suggérerait de l'abolir à jamais. Mais ce serait oublier la peur qui fait se dresser les nations les unes contre les autres. Avoir fondé la paix sur l'équilibre de la terreur révèle l'immense faillite de l'intelligence. Une certaine science, en voulant mettre de la lumière dans la connaissance, n'a fait que servir et propager les ténèbres dans lesquelles l'histoire humaine se déroule et donne l'impression d'un gâchis abyssal de ce que l'intelligence ne cesse de nous suggérer.

On ne peut objectivement et rationnellement nier sans romantisme stérile que l'énergie-amour existe. Elle est la seule capable de changer positivement le cours de notre histoire.

Le mammifère bipède serait donc, contrairement à toutes les créatures partageant la même réalité, le seul qui soit doté d'un cerveau capable de spéculer avec la mémoire du passé, les souvenirs heureux ou malheureux. Il peut être dans le présent actif s'il est attentif, ce que recommandent certaines disciplines mentales. Il peut aussi anticiper un futur qui reste néanmoins subordonné aux aléas et à l'imprévisibilité où des impondérables s'entremêlent, heureux ou non. Nous sommes donc aptes aux souvenirs. Notre cerveau se révèle être une sorte de petite bibliothèque et un ordinateur subtil, père des ordinateurs, agissant sur notre sensibilité, ce dont l'ordinateur est complètement dénué : il ne jubile ni ne pleure. Il resterait en quelque sorte zen, état que des disciplines particulières proposent d'atteindre moyennant ou non rémunérations.

Nous sommes donc conscients, avec le cerveau, d'être « équipés » d'ordinateurs biologiques extrêmement perfectionnés, capables d'aborder des domaines aussi abstraits que la philosophie, la métaphysique, la poésie, mais aussi les mathématiques et bien d'autres connaissances intangibles que ce même cerveau engendre, observe et critique. Il faut sans cesse rappeler que les ordinateurs, conçus parfois comme les rivaux de notre cerveau, n'existeraient pas sans l'ordinateur biologique dont nous sommes équipés dès notre incarnation.

On peut légitimement se demander si le cerveau humain a inventé un auxiliaire bénéfique ou un monstre dont le pouvoir serait d'une telle puissance qu'il nous ferait perdre notre libre arbitre et déterminerait l'avenir sans que nous puissions avoir la maîtrise de l'orientation de notre destin. Cette question doit être prise plus au sérieux. Les véhicules-machines qui nous permettent, grâce à la thermodynamique, des déplacements rapides tous azimuts sur l'eau, la terre ou dans les airs sont également l'œuvre du cerveau humain. Il en va de même pour toutes les innovations extraordinaires banalisées par l'usage de la minorité humaine qui en dispose. Nous ne dirons jamais assez que cette banalisation constitue un danger majeur par son pouvoir de dissociation entre le tangible et l'intangible.

Les téléphones portables, dont la prolifération est plus que spectaculaire, n'existeraient pas sans le cerveau humain. Avec les réseaux sociaux, ils augmentent considérablement l'accessibilité aux autres et amoindrissent ou détruisent l'intensité de ce que le tangible engendre. Ils nuisent à l'intensité intérieure, voire rendent impossible la méditation personnelle et tranquille. Vouloir être exhaustif dans le domaine de la créativité de Prométhée est mission impossible, selon l'expression consacrée. Toutes ces considérations peuvent avoir un relent d'archaïsme pour ceux qui considèrent les temps actuels comme un très grand progrès.

Une anecdote très banale a éveillé ma pensée. Je viens de descendre, comme de nombreux voyageurs, du train qui nous a déposés gare de Lyon, à Paris. Pendant mon voyage, j'ai pu constater que l'ambiance du wagon archicomble était vouée au silence, comme dans un monastère où il est préconisé en faveur de la méditation. Ce silence, en réalité, était dû à l'abondance des instruments de communication qui, insidieusement, s'infiltrent dans toutes les ramifications de la masse humaine. Adieu, les voyages conviviaux qui permettaient naguère à des inconnus de faire connaissance, d'échanger des propos, voire des casse-croûte ! Ces outils magiques banalisés prolifèrent, s'emparent des cerveaux et amoindrissent leurs facultés.

Ainsi, débarquant à Paris, je prends un taxi. Après m'avoir demandé ma destination, le chauffeur, sans un mot ni un regard, saisit sur son GPS l'adresse et démarre. La majorité des chauffeurs de taxi ne savent plus se rendre dans une rue de la capitale sans être assistés d'un ordinateur. Fini le temps où les chauffeurs connaissaient la ville presque par cœur, avaient parfois besoin d'un plan pour vérifier un détail, mais étaient capables de vous en approcher. La cartographie précise de la ville était inscrite dans la mémoire de leur ordinateur biologique ! Des études ont montré qu'utiliser un GPS désactive certaines zones du cerveau qui, à force d'être peu utilisées, deviennent incapables d'enregistrer de nouvelles informations. Ainsi, les chauffeurs de taxi n'enregistrent plus de nouveaux itinéraires, font moins attention au réseau routier. Attentif aux informations de l'écran et aux indications vocales, le chauffeur de taxi est rarement disponible pour échanger et discuter.

Comment ne pas s'interroger sur cet avenir condamné à être froid, aseptisé, comme la morne matrice d'un être humain en solitude et détresse morale ? Il est plus qu'évident que le cerveau et les âmes consignées à générer le meilleur du monde sont en train de faire naître le pire.

Notre cerveau est donc une archive où des faits restent consignés, nous réjouissent ou nous affligent. C'est encore et toujours avec cette aptitude extraordinaire que nous avons organisé le monde et le vivre-ensemble. Aujourd'hui, nous sommes débordés et de plus en plus dominés par nos innovations, échappant par leur singularité au contrôle de l'intelligence. Les moyens de communication très perfectionnés contribuent à l'agrandissement et au renforcement du cerveau collectif, avec l'abandon du temps réel pour un temps artificiel dont la frénésie est la fille aînée qui impose son tempo aux bénéficiaires des miracles technologiques. Loin d'être un long fleuve tranquille, la vie est devenue une danse de Saint-Guy.

Nous sommes, encore une fois, bien obligés de constater l'inintelligence avec laquelle nous avons architecturé la société planétaire. Dans cette architecture, la dynamique de l'antagonisme, de la confrontation armée et le pouvoir suprême de la finance dominent et déterminent la réalité sur des critères issus de la seule subjectivité, trop souvent mal inspirée. Toute une vie humaine est réellement sacrifiée à une immense chimère où l'être humain renonce aux légitimes dotations et offrandes de la vie. Les excès de la finance ont permis de légaliser et justifier toutes les prédations en dépit de leur caractère immoral terriblement nuisible à la survie.

La rage et la tristesse m'envahissent lorsque j'apprends que le moindre petit potentat périssable et éphémère produit, autorise et légalise des malfaisances préjudiciables à l'ensemble de l'humanité et à toutes les créatures vivantes, dont pour certaines on peut déjà constater l'anéantissement définitif. Le fait qu'une minorité ait le pouvoir d'influencer profondément et durablement le sort de l'humanité ne peut être validé par l'intelligence. La nécessité de se libérer du connu, comme le préconisent certaines philosophies et certaines disciplines spirituelles, apparaît bénéfique car seul le présent actif a une réalité. « Se libérer du connu[2] » comme délestage d'une mémoire surencombrée n'est pas un appel à l'amnésie ou à l'abolition de la mémoire.

Il ne faut certes pas négliger l'effet positivement constructif que les expériences acquises peuvent avoir sur les décisions que nous prenons. Il se confirme chaque jour que nous épuisons l'héritage nécessaire à nos descendants, comme cela a été justement proclamé, tout en étant nous-mêmes victimes des prédateurs qui nous ont précédés. Notre présence physique laisserait supposer que nous aurions une identité non physique, l'âme par exemple, qui après avoir « animé » notre incarnation rejoindrait un univers non physique et par conséquent non corruptible.

Il est évident que la mémoire est décidément « encombrée » par des souvenirs dont l'évacuation constituerait une sorte de purge pour soulager et renouveler notre capacité à nous affranchir du superflu pour mieux accueillir et servir le neuf qui ne cesse de se renouveler en se banalisant. La conception d'un au-delà transcendant toute matière pour n'être qu'« esprit » au royaume céleste est fortement ancrée dans de nombreuses traditions spirituelles. Le ressassement millénaire des diverses traditions et leur transmission incessante de siècle en siècle, avec les confusions dont il a déjà été question, ne vont pas sans le maintien de contentieux permanents, sans cesse hérités, sans cesse réactivés.

Dans ce contexte, la notion d'éternité abolissant le temps périssable prend sa pertinence, mais elle reste aussi subordonnée à la conception que les diverses cultures en ont. L'une des caractéristiques majeures de ce phénomène est de pouvoir générer des consensus générant dans le même temps des pommes de discorde permanentes, transmissibles et toujours préjudiciables à la paix. Il n'est plus *une* vérité, mais *des* vérités. Cette paix s'avère et s'affirme pourtant comme ce qu'il y a de plus beau que nous puissions réaliser, si nous en mesurions la splendeur et les bienfaits. Nous serions ainsi indéniablement sous l'égide et l'inspiration de l'intelligence. Elle ne peut être ravalée à une génératrice de concepts créant toutes les confusions et violences dont nous restons les géniteurs et les victimes captives. Je ne peux, par exemple, m'abstenir de voir émerger de plus en plus de timoniers politiques immatures révélant l'ignorance et l'indigence de très nombreux citoyens qui les intronisent sous le prétexte d'une démocratie dont le moins que l'on puisse dire est qu'elle n'en a souvent que les apparences. Sans en amoindrir certains réels bienfaits, la démocratie demeure une option à promouvoir et à améliorer par l'intelligence.

Avant d'aller plus avant, il faut encore et encore rappeler avec insistance que l'intelligence artificielle est l'œuvre de l'entendement humain. On pourrait dire qu'il n'est pas intelligent d'avoir inventé l'intelligence artificielle, si l'on prend en compte les effets qu'elle induit en confisquant insidieusement aux cerveaux leur magistère. Quelles que soient les spéculations que soulève la question, l'état du monde social étant l'œuvre de la pensée humaine, il faut se demander si elle a réussi ou échoué et quelle est la véritable nature de la pensée ? Cela ouvre un chapitre d'une très grande importance pour un avenir d'une grande complexité.

Il faut encore rappeler, comme certains anthropologues et paléontologues le proclament, que l'espèce humaine est très tardive dans le processus de la vie sur Terre. Ce constat met en évidence à la fois le caractère grandiose de notre avènement, en même temps que sa contingence, voire son ambiguïté dans le réel où toutes les manifestations de la vie se sont, dès l'origine, agencées en une sorte de symphonie. Chaque manifestation tente coûte que coûte de garder et propager sa spécificité.

Le temps est venu où une concertation et une harmonisation du vivre-ensemble s'imposent, sous l'injonction impérative et inconditionnelle de l'intelligence. Car le temps ne nous a jamais été autant conté et compté. Au « changer ou disparaître » comme ultimatum de la vie et des lois rigoureuses qui la gouvernent et la pérennisent, il faut substituer « changer pour ne pas disparaître ». Cette option est à l'évidence fille de l'intelligence. Pour servir cette intelligence, qui inspire déjà de nombreuses personnes et organisations au sein de la société civile, nous avons instauré des organisations ou mouvements tels que les Colibris, Terre et Humanisme ou les Amanins[3]. C'est en partie pour servir et propager l'agriculture respectueuse du vivant que nous avons créé des structures opérationnelles. Elles ont pour finalité de mettre en conformité l'activité la plus essentielle à la survie humaine, à savoir l'agriculture, avec l'intelligence de la vie. Expérimentée dans les zones difficiles comme le Sahel, l'agroécologie s'est révélée vraiment salutaire pour les populations qui aujourd'hui sont de plus en plus nombreuses à l'appliquer[4].

Cette méditation sur l'intelligence est un préambule à l'enquête menée par Juliette Duquesne auprès de plus de quatre-vingts personnes habilitées par leurs compétences à parler des différents usages de l'intelligence artificielle aujourd'hui et de ses conséquences sur notre humanité.

Pierre RABHI

Enquête

Informer rigoureusement prend du temps. Chaque chiffre, chaque donnée doivent être vérifiés et sourcés. Or il n'est pas facile de trouver un modèle économique permettant de réaliser des enquêtes journalistiques de longue haleine et d'en garantir tout à la fois l'indépendance. C'est pourquoi nous avons recherché des soutiens avec lesquels nous partageons cette valeur commune.

Nous tenons donc à remercier la Casden (banque coopérative de la fonction publique) et la Maif (Mutuelle assurance des instituteurs de France). Ces deux acteurs de l'économie sociale et solidaire nous aident à financer les enquêtes des « Carnets d'alerte ». Depuis 2020, la fondation Léa nature-Jardin bio et le Fonds de promotion de la santé de la Mutuelle de France unie nous soutiennent également. Nous les remercions.

Produire une enquête de qualité sur des thématiques globales et complexes ne serait pas possible sans ces soutiens. Ces structures nous aident aussi à faire connaître les problématiques vitales des « Carnets d'alerte », notamment auprès des plus jeunes, dans les établissements scolaires.

Pour financer ces enquêtes Carnets d'alerte et leur diffusion sous différentes formes (site web, réseaux sociaux, articles, infographies, podcasts, conférences, vidéos, ateliers...), nous avons également fait appel au financement participatif. Nous remercions les contributeurs dont la liste se trouve p. 235.

Pour la partie qui m'incombe, je remercie Philippe Besse, Laurie Liddell, Nicolas Sabouret et Emmanuelle Frenoux d'avoir pris le temps de relire ce travail. Leurs remarques, toujours précises, ont été très utiles. Je remercie les quatre-vingts personnes que j'ai interrogées pour réaliser cette enquête et dont la liste figure en fin d'ouvrage (p. 255). Je remercie Sylvie Ithany, Carole Ham, Matis Chaudagne, Maxime Moreau, Éléana Bonnasse, Morgane Mizzon et Chloé Andreotti pour le dérushage des interviews, Fanny Noaro-Kabré pour les témoignages recueillis au Burkina Faso et Zhenchao Hu pour ceux réalisés en Chine. Je remercie également Aurore Roussel et Évelyne Duquesne, dont les commentaires ont été très constructifs sur la forme. Mes derniers remerciements sont adressés à Pierre Rabhi, ainsi qu'aux éditions des Presses du Châtelet, pour leur confiance renouvelée.

Les citations proviennent d'interviews réalisées dans le cadre de l'enquête. Il m'a semblé important d'interroger de vive voix la majorité des personnes sollicitées. À cause de la Covid, certains entretiens ont été réalisés en visioconférence, contrairement aux autres Carnets d'alerte.

Toutes les informations sont sourcées en notes (p. 235). Je me suis efforcée, autant que possible, de consulter le document ou de contacter l'organisme à l'origine du chiffre ou de l'information, et non de reprendre des données citées dans des journaux ou des livres. Pour ce « Carnet d'alerte » sur l'intelligence artificielle, il m'a fallu dans certains cas reprendre des données de chercheurs ou d'ingénieurs de confiance, sans revenir à la source.

Juliette Duquesne

Introduction

Que cache l'intelligence artificielle (IA) ? Ce concept est sans cesse employé par des entreprises, des start-up, certains politiques ou scientifiques comme s'il s'agissait de *la* révolution en cours et *la* solution à de nombreux problèmes. Ce sont parfois les mêmes qui attisent la peur en affirmant que, d'ici 2050, les robots auront pris le pouvoir. Qu'en est-il vraiment ?

Il n'est pas toujours simple d'avoir un état des lieux précis des usages de l'intelligence artificielle. Les transformations sont en train de se mettre en place dans de nombreux secteurs de la société et certaines techniques issues de l'IA sont survendues afin d'encourager les investissements privés comme publics. Beaucoup préfèrent parler des changements, des avancées et des possibles dangers futurs, plutôt que de ceux qui sont pourtant déjà bien réels.

À travers le monde, les investissements privés vers les start-up de l'intelligence artificielle ont été multipliés par plus de 30 en moins de dix ans pour atteindre près de 40 milliards de dollars en 2018[1]. Mais rien qu'en Europe, 44 % des start-up d'intelligence artificielle ne l'utiliseraient pas dans leurs solutions[2]…

Pierre Rabhi nous a invités, en préambule, à ne pas confondre intelligence et aptitude. La plupart des chercheurs interrogés se sont d'ailleurs rejoints sur le fait que le terme « intelligence artificielle » n'est pas approprié. Les ordinateurs actuels ont surtout acquis d'énormes capacités afin de traiter et de recouper des milliards de données collectées. En 2020, 59 zettaoctets de données[3] ont été créés, capturés, copiés et consommés dans le monde, ce qui correspond à 59 milliards de téraoctets, soit 590 millions des plus gros disques durs d'aujourd'hui. La Covid-19 a accéléré la numérisation du monde et le nombre de données collectées[4].

Derrière le terme « intelligence artificielle » se cachent plusieurs techniques très diverses et qui diffèrent très largement du cerveau humain. Les machines peuvent réaliser des prouesses, mais elles sont loin d'être autonomes. Des milliers de petites mains collectent les données, participent au fonctionnement de l'IA un peu partout sur la planète, pour quelques centimes d'euros la tâche.

Applications de rencontre, GPS, réseaux sociaux, profilage publicitaire… l'intelligence artificielle a déjà envahi notre quotidien. La santé est un secteur où l'IA permettrait de réels progrès. Autre invention qui fait rêver certains : la voiture autonome. Pourrait-elle conduire seule en heure de pointe sur le rond-point des Champs-Élysées à Paris ?

Une étude estime qu'en Europe une grande entreprise sur sept utiliserait de l'intelligence artificielle[5]. Une autre, réalisée au sein de cent douze pays, évalue que plus de la moitié des entreprises auraient déjà mis en place des outils d'intelligence artificielle[6], mais que seules 10 % d'entre elles obtiendraient des avantages financiers significatifs grâce à ces techniques[7]. Ressources humaines, marketing : les algorithmes qui prédisent des tendances sont de plus en plus utilisés. La finance a fait office de précurseur dans ce domaine.

La publicité, très grande consommatrice d'intelligence artificielle pour cibler le client, permet de financer deux multinationales majeures de ce secteur : Facebook et Google. L'Europe a mis en place un règlement général sur la protection des données (RGPD). Malgré cette réglementation, la plus ambitieuse au monde, il reste beaucoup de chemin à parcourir afin de ne plus être traqué au quotidien. Un consommateur américain est exposé à 110 minutes de publicités par jour[8] ! Ces données aident les Gafam (Google, Apple, Facebook, Amazon et Microsoft) à renforcer leur puissance. En 2020, ces cinq entreprises pesaient près de 25 % de la valeur du S&P 500, l'indice boursier américain phare qui regroupe cinq cents sociétés[9]. Du jamais vu !

Autre conséquence de ces nouvelles technologies : elles renforcent la surveillance. La Chine expérimente une dictature qui utilise pour la première fois ces outils à grande échelle, notamment à l'encontre des Ouïghours*[10]. En France, des associations s'insurgent contre des pratiques qui remettent de plus en plus en cause notre liberté. Quelles sont les conséquences de cette mathématisation et de cette algorithmisation du monde ? Quels en sont les impacts sur notre démocratie ? Comment rendre ces algorithmes moins opaques ?

Changement climatique, épuisement des ressources, tous les indicateurs concernant notre Terre sont au rouge. Parmi les principales limites à cette frénésie vers l'intelligence artificielle seront, sans doute, celles de la planète. Pour stocker toutes ces données, il faut des *data centers*, de l'énergie, ainsi que des métaux pour fabriquer des équipements très vite obsolètes.

Est-il possible de créer un numérique* plus sobre et éloigné des Gafam ? Le problème viendrait-il de l'outil lui-même ? De nombreuses associations œuvrent et expérimentent tous les jours des solutions.

PREMIÈRE PARTIE

L'IA, entre mythes et réalités

Dix milliards d'opérations en quelques secondes, 100 000 milliards en une journée[1], et pourtant les machines ne sont pas intelligentes. L'expression « intelligence artificielle » n'est certainement pas la plus appropriée. La plupart des quatre-vingts personnes interrogées pour cette enquête partagent ces constats. Certains préfèrent parler d'« intelligence augmentée », d'autres d'« imitation artificielle » ou encore d'« ordinateurs superpuissants capables de traiter des milliards de données ». Car la première erreur serait d'imaginer que l'intelligence artificielle reproduit l'intelligence humaine. Il n'en est rien. L'intelligence artificielle peut résoudre des problèmes solubles par des humains, mais pas de la même façon. Et si l'IA est parfois plus performante que les humains, l'inverse n'est pas moins vrai.

Définir l'intelligence artificielle

Pierre Rabhi a rappelé qu'il n'y a pas d'intelligence artificielle sans êtres humains. Il n'y en a pas non plus sans ordinateurs. Nicolas Sabouret, chercheur, qui a consacré un ouvrage à la définition de l'IA, préfère donc parler de « programmes d'intelligence artificielle », au pluriel, car ils peuvent utiliser différents algorithmes* qui ne fonctionnent pas tous de la même manière.

Tout algorithme peut-il être qualifié d'intelligence artificielle ? La réponse ne fait pas l'unanimité, mais, selon de nombreux spécialistes, les algorithmes d'intelligence artificielle sont ceux qui utilisent des heuristiques. « En informatique, certains problèmes sont impossibles à résoudre, à moins de disposer d'un temps de calcul gigantesque, précise Nicolas Sabouret. Par exemple, la plupart des spécialistes pensent qu'il est possible de toujours gagner aux échecs. Cependant, il est impossible de calculer la suite de coups à jouer. Il faudrait un ordinateur capable de calculer pendant des centaines de milliers d'années. Afin de contourner ce problème, le programme informatique calcule un coup qui n'est pas le meilleur possible, mais qui est un coup pas trop mauvais. Voilà ce qu'on appelle une heuristique : l'intelligence artificielle résout des problèmes qu'il est impossible de résoudre de manière exacte, dans un temps de calcul raisonnable. » Par exemple, un GPS utilise ce type d'algorithmes dits « intelligents » pour décider du meilleur trajet possible. En réalité, ce n'est pas le meilleur, mais une bonne solution. En revanche, résoudre un sudoku peut paraître intelligent ; pourtant, un programme informatique utilisera pour cela des calculs classiques.

Tous les jours, en opérant des choix, nous aussi réalisons des heuristiques, c'est-à-dire que nous ne choisissons pas « la » bonne solution, mais prenons une décision en fonction de notre vécu, de nos valeurs, de notre intuition… La machine, elle, réalise ce choix selon des calculs.

▸ **Nicolas Sabouret** est docteur en intelligence artificielle, professeur en informatique à l'université Paris Saclay. Il travaille au sein d'une équipe qui allie psychologie et informatique. « Nous essayons de mieux comprendre les humains en utilisant des systèmes informatiques et nous travaillons à la construction de systèmes informatiques plus adaptés aux humains », précise-t-il.

Il y a aujourd'hui deux grands types de programmes d'intelligence artificielle. Les uns reposent sur des règles, les autres sont établis sur des données : les fameux algorithmes d'apprentissage automatique. « Prenons un exemple, explique Nicolas Sabouret. Je veux concevoir une machine qui construit des bibelots en terre cuite. Afin de réaliser un algorithme à base de règles, je demande à un expert des bibelots en terre cuite comment il les fabrique. Ensuite, j'essaie d'écrire informatiquement toutes ces règles. Il m'a indiqué qu'il fallait cuire à 137 °C pendant deux heures, mais ce temps peut varier jusqu'à 2 h 15… Évidemment, plus j'écris de règles, plus il y a d'exceptions. Ce travail est infini. Avec ces règles, je m'approche le plus possible de la réalité, même si je fais toujours des simplifications. L'autre famille qui a connu de grands succès récemment est celle des algorithmes à base d'apprentissage. Dans ce cas, je demande à un expert non pas comment il fait son métier, mais ce qui compte dans son métier. L'artisan peut choisir : la température, la couleur, la granularité de la matière… Une fois établis les critères essentiels, je collecte un corpus de données de ces critères pour calculer la meilleure cuisson possible pour chaque bibelot. »

En d'autres termes, l'intelligence artificielle basée sur les règles s'efforce de reproduire les raisons d'une décision de l'humain. Un GPS fonctionne de cette manière. Les algorithmes basés sur l'apprentissage tentent de reproduire la décision à partir de l'historique des décisions de l'humain. Les algorithmes d'apprentissage peuvent être aussi non supervisés : le programme d'intelligence artificielle trouvera lui-même du « sens » aux données en établissant des liens, des correspondances entre les données, sans que soit indiqué un objectif précis. Ces corrélations sont difficiles, voire impossibles à déceler par l'humain. Dans ce cas, il ne sera pas toujours possible d'expliquer le chemin que la machine a suivi pour parvenir au résultat trouvé.

Aujourd'hui, les algorithmes basés sur les données rencontrent un franc succès, notamment un sous-ensemble appelés « réseaux de neurones ». Les neurones artificiels ne ressemblent pas du tout à nos neurones. Ils communiquent entre eux électroniquement. « Un neurone d'ordinateur calcule une somme pondérée de valeurs, précise Nicolas Sabouret. Ce sont des sommes et des multiplications. Aujourd'hui, des millions de neurones sont mis ensemble. »

Chercheurs et entrepreneurs ne cessent de vanter les mérites de l'apprentissage automatique*, ou *machine learning*, et même de l'apprentissage profond*, ou *deep learning*, lorsque ces réseaux de neurones ont des dizaines de couches. « Les réseaux de neurones sont de la statistique, poursuit Daniel Goossens, chercheur en intelligence artificielle. Les ordinateurs sont maintenant fabuleusement puissants au niveau de la mémoire et de la rapidité de calcul pour faire de la statistique qui existait déjà dans les années 1950. »

▸ **Daniel Goossens** est chercheur en intelligence artificielle à l'université Paris 8 et auteur de bandes dessinées reconnu. Ses recherches portent sur la compréhension du langage naturel. « Les *chatbots** ne comprennent rien à ce qu'ils disent et à ce qu'ils entendent, reconnaît-il. Je suis suffisamment conscient de n'avoir aucune chance d'appréhender comment fonctionne notre compréhension qui est vraiment un mystère. Cependant, ce domaine est intéressant à étudier et à explorer comme une jungle. »

« Les réseaux de neurones permettent d'enchaîner les calculs de sommes pondérés en couches successives jusqu'à la dernière couche qui donnera le résultat, décrypte Nicolas Sabouret. Pour un réseau de trois couches de mille neurones, il peut y avoir quatre cent mille paramètres à régler, un par un. Ce paramétrage, bien sûr, n'est pas réalisé à la main, mais par des machines. » Ces réseaux de neurones nécessitent une très grande base de données d'apprentissage.

Pour reconnaître une image, un programme d'intelligence artificielle a besoin d'être entraîné des milliers de fois, contrairement à un enfant qui ne la regardera qu'une ou deux fois. « Pour différencier un chat d'un chien sur une photo, il faut des centaines de milliers de photos de chats et de chiens, assure Daniel Goossens. Il y a un exemple très drôle : une équipe a modifié des photos représentant des objets (un immeuble, une voiture, une grue, un arbre…) en ajoutant des pixels quasi invisibles à l'œil nu, qui ne changent pas la photo ; mais ces changements trompent le réseau de neurones. Il le reconnaît comme un autre objet. Par exemple, à la place d'un arbre, il reconnaît une autruche. Certes, le programme a été conçu pour piéger le réseau de neurones, mais cette expérience montre que les réseaux de neurones n'ont pas de conscience. »

Il est impossible de reproduire à travers les algorithmes actuels le sens commun, c'est-à-dire l'ensemble des connaissances générales que nous avons. « Un enfant, en très peu d'années dans sa vie, accumule une somme de connaissances extraordinaire sans s'y perdre, avec très peu d'exemples, affirme Daniel Goossens. Pour avoir la même somme de connaissances purement factuelles, une machine a besoin de centaines de millions d'exemples et ce, sans la capacité de s'y balader comme un acrobate, comme le font les êtres humains. »

Luc Julia, cocréateur de Siri, le logiciel de reconnaissance vocale d'Apple, admet lui aussi que son logiciel n'a rien d'intelligent. S'il a eu autant de succès, c'est qu'il avait conscience des difficultés : « Lorsque Siri ne comprend pas, elle ne s'avoue pas tout de suite vaincue, elle change de conversation ou elle raconte une blague. C'est l'une des raisons pour lesquelles le public l'a aimée. Nous savions qu'elle n'était pas intelligente, il a fallu lui donner un peu de stupidité. Nous l'avons fait de façon artificielle pour que l'on ne soit pas étonné de ses réponses parfois un peu stupides. Nous avons peut-être fait une erreur car, en lui donnant cette humanité, nous avons fait croire que Siri était plus intelligente qu'elle ne l'est réellement. »

Ces logiciels font donc illusion. Impossible pour les machines d'utiliser l'ironie, l'humour ou même de les reconnaître. Les programmes d'intelligence artificielle n'ont pas de corps, par conséquent ils n'ont pas non plus d'intelligence émotionnelle. Ils ont essentiellement des énormes capacités de mémoire et de calcul. « Une intelligence artificielle n'est pas créative. Un programme peut dessiner des œuvres à la manière de Van

Gogh ou écrire de la musique à la manière de Bach, indique Nicolas Sabouret. Des chercheurs très compétents travaillent là-dessus. Cela ne rend pas la machine intelligente. Elle n'a ni émotion ni capacité d'invention. La machine ne fait que le programme pour lequel elle a été conçue. »

▸ **Luc Julia** est le coconcepteur du premier assistant vocal grand public, Siri. Chez Hewlett Packard, il a développé les premières imprimantes connectées. Aujourd'hui, il est vice-président senior et directeur technique du Samsung Strategy and Innovation Center (SSIC).

Voilà pourquoi les spécialistes désignent cette intelligence artificielle comme de l'IA faible*, par opposition à l'IA forte*, une intelligence avec une vision globale, une conscience, une intelligence générale capable de résoudre tous les problèmes.

L'improbable création d'une IA superpuissante

Nous sommes donc aujourd'hui très loin de vivre des scènes de science-fiction où les robots auraient pris concrètement le pouvoir. Nombre de chercheurs interrogés nous ont affirmé que cette IA forte est peu probable, voire impossible. Alors pourquoi les débats médiatiques ne cessent d'alimenter cette crainte ?

Tout d'abord, de nombreux chercheurs en intelligence artificielle sont fans de récits de science-fiction depuis leur enfance, à tel point que lors des interviews réalisées, il n'a pas toujours été simple de distinguer ce qu'ils projettent de ce qu'ils imaginent en termes de recherches et de possibles réalisations futures. Fiction et réalité peuvent s'entremêler. Le fait que des chercheurs ou des industriels en intelligence artificielle soient férus de science-fiction a forcément un impact sur le réel, même si les conséquences n'ont pas la forme de robots tueurs à la Terminator.

Ces discours sont aussi entretenus médiatiquement : « On aime se faire peur. » Cette crainte d'une prise de pouvoir par les machines est même attisée par ceux qui vendent de l'intelligence artificielle. Au-delà des aspects marketing pour attirer les investissements, cette peur du futur permet aux Gafam de nous distraire des dangers actuels, plus insidieux, liés aux usages de l'intelligence artificielle.

En vue de cette enquête, à plusieurs reprises, nous avons demandé des interviews à Google, Apple, Facebook, Amazon et Microsoft. Aucun n'a souhaité répondre à nos questions. Nous avons également sollicité le milliardaire Elon Musk, fondateur de SpaceX et PDG de Tesla Motors, qui concourt à alimenter ce discours dans les médias. Aucune réponse. En France, une autre personne publique relaie ces idées : le médecin Laurent Alexandre, créateur de Doctissimo. Aucun retour de sa part à nos demandes d'interviews.

« Je n'ai rien contre la science-fiction, au contraire, concède Jean-Gabriel Ganascia, président du comité d'éthique du Centre national de la recherche scientifique (CNRS). Cependant, des industriels expliquent que ces scénarios de science-fiction adviendront. Par exemple, Elon Musk affirme : "Attention, les machines nous dépasseront, j'ai peur, je vais vous aider en vous mettant des puces dans le cerveau." Ce qui est encore bien pire, bien sûr. Heureusement, ce n'est pas possible... D'autres, comme Google, communiquent de façon plus positive et affirment : "C'est formidable car nous deviendrons immortels en téléchargeant notre conscience sur les machines. Ainsi nous pourrons continuer à vivre." Des grandes entreprises vivent sur un imaginaire de science-fiction qui existe déjà. Ce sont des pompiers pyromanes. D'un côté, elles fabriquent l'intelligence artificielle, elles l'utilisent. De l'autre, elles nous expliquent que l'IA est extrêmement dangereuse. »

▸ **Jean-Gabriel Ganascia** est spécialiste en intelligence artificielle, professeur d'informatique à la faculté des sciences de Sorbonne université. Philosophe, il est également président du comité d'éthique du CNRS et membre de l'Institut universitaire de France.

Ces discours médiatiques permettent de détourner l'attention des réelles incidences de l'intelligence artificielle sur le quotidien, un pouvoir des machines très différent de celui des films de science-fiction et que nous détaillerons au fil des pages. Avec ces considérations prophétiques, les Gafam tentent de repousser, parfois en vain, les reproches qui leur sont adressés.

Luc Julia confirme les méfaits de ces contre-vérités : « Je peux parler d'Elon Musk parce que je le connais. Est-il un génie du marketing ? Oui, évidemment. C'est également un visionnaire de produits, avec Tesla par exemple. Mais il ne connaît strictement rien en IA. Rien. Lorsqu'il affirme : "J'ai créé une compagnie qui fait de l'IA et qui nous remplacera. Nous mettrons des puces dans le cerveau", ça s'appelle Hollywood ! Le problème, c'est que lorsque Elon Musk ou Laurent Alexandre s'expriment sur l'IA, le public les croit car ils ont une présence médiatique. Pourtant, ils disent n'importe quoi. Les robots ne nous tueront pas. Nous le ferons très bien tout seuls. »

Au cours de cette enquête, au fil des interviews, un point est apparu de façon assez claire : certains opposants et promoteurs de l'intelligence artificielle se rejoignent en prêtant des pouvoirs à l'IA qui n'existent pas. Dominique Cardon, sociologue, partage ce constat : « Le discours critique et le discours de vente font du déterminisme technologique. Ils pensent que toutes ces technologies marchent. Certains affirment que c'est extrêmement grave et d'autres pensent que c'est merveilleux. En réalité, ils expriment la même chose : ils partagent tous deux cette croyance un peu naïve dans la force propre de la technologie. »

▸ **Dominique Cardon** est professeur de sociologie à Sciences Po et directeur du Médialab. Il est membre du comité de prospective de la Commission nationale de l'informatique et des libertés (Cnil). « Il n'y a pas d'inéluctabilité. Lorsque nous étudions de près l'histoire ou la sociologie des sciences et des techniques, nous nous apercevons que la technologie résulte d'une série de choix, d'arbitrages, de solutions, de couplages avec la société », souligne-t-il.

L'IA, une porte vers le transhumanisme

Le transhumanisme est un courant de pensée qui souhaite accroître les capacités physiques et intellectuelles de l'être humain grâce au progrès scientifique et technique, via, par exemple, l'IA, les biotechnologies comme les modifications génétiques.

À la Silicon Valley, en Californie, beaucoup affirment appartenir à ce mouvement, tel Ray Kurzweil, icône du transhumanisme et directeur de l'ingénierie chez Google. « Les humains pourraient résulter de la production des machines, explique Jean-Michel Besnier, philosophe. Voilà le fantasme majeur, appelé "singularité", qui pourrait advenir en 2045 si l'on en croit Ray Kurzweil. Les machines intelligentes n'auront plus besoin de nous et seront capables d'autoréflexion, donc d'autoperfectionnement. Nous serons bel et bien supplantés et nous n'aurons d'autre solution que de fusionner avec ces machines ou de rester à l'extérieur. »

▸ **Jean-Michel Besnier** est professeur émérite de philosophie à Sorbonne université. « Je pense que les technologies menacent en nous tout ce qui est de l'ordre du symbolique, précise-t-il. Nous sommes des êtres de symboles. Nous utilisons un langage qui n'est pas un système de signaux. Aujourd'hui, je revendique le symbolique contre le réductionnisme que les machines entendent nous imposer. »

Nous utilisons tous des outils d'intelligence artificielle. Cela ne signifie pas que nous appartenons tous au courant transhumaniste. Cependant, cette idéologie découle de caractéristiques de nos sociétés telles que « le besoin de maîtriser le vivant : une obsession chez les transhumanistes, insiste Jacques Testart, père du premier bébé-éprouvette. Les transhumanistes ne s'intéressent pas à un autre être vivant, sauf s'il offre un intérêt pour améliorer l'homme. Or la maîtrise de l'humain, et moins encore celle du vivant, n'existent pas ».

▸ **Jacques Testart** a une formation de biologiste et d'agronome. Aujourd'hui retraité, il a été directeur de recherche à l'Institut national de la santé et de la recherche médicale (Inserm). Il est également président d'honneur de l'association Sciences citoyennes qui œuvre à rendre les citoyens acteurs de la démocratie technique. Pionnier de la fécondation *in vitro*, il a également étudié et écrit sur le transhumanisme.

Le transhumanisme résulte également de notre refus d'accepter la finitude, c'est-à-dire la mort, et participe à cette fuite en avant technologique. « Nous ne faisons qu'aller jusqu'au bout de la même logique, assure Matthieu Montalban, économiste. Le technosolutionnisme est un projet politique qui s'efforce d'éviter le passage par l'arène politique, afin qu'il ne soit pas questionné. Le transhumanisme procède de la même manière. Pourtant, c'est un vrai projet politique, quasi religieux. Il y a une eschatologie assez phénoménale, avec des questions sur la mort, sur la vie… Le transhumanisme remplace Dieu par la singularité technologique : c'est vertigineux ! »

▸ **Matthieu Montalban** est maître de conférences en sciences économiques à l'université de Bordeaux. Membre des Économistes atterrés, il étudie notamment la financiarisation du capitalisme et le capitalisme des plateformes numériques.

Selon les opposants au transhumanisme, ce projet haïrait l'humain et voudrait supprimer ce qui fait notre spécificité. « Les transhumanistes veulent faire advenir l'immortalité, décrypte Jean-Michel Besnier. Mais ils veulent en finir avec la vie au sens humain. Ils se représentent la vie uniquement en termes biologiques et algorithmiques. La mort et le sexe sont les deux avantages sélectifs qui ont permis à l'humanité de survivre. La mort, parce qu'elle permet le renouvellement des générations ; le sexe, parce qu'il permet l'hybridation et la diversité. Cette diversification du vivant rend capable précisément de survivre dans des environnements diversifiés. Par conséquent, nous sommes le produit de la mort et du sexe. Les transhumanistes veulent supprimer le sexe, puisqu'ils veulent faire prévaloir le clonage plutôt que l'hybridation. En supprimant le sexe et la mort, ils suppriment la vie, tout simplement. »

Même si l'avènement de ces machines superpuissantes n'adviendra peut-être jamais, cet objectif court le risque d'éliminer progressivement ce qui fait de nous des humains, point essentiel et fil conducteur de notre enquête.

Derrière les machines, d'innombrables petites mains

Lian regarde des centaines de visages par jour. Il travaille en Chine pour une équipe qui collabore avec de grandes entreprises de l'IA comme Baidu ou Tencent : « Je réalise un marquage du visage humain. Mon travail consiste à étiqueter un visage selon une méthode à vingt-neuf points, afin que la machine puisse reconnaître les différentes parties du visage. C'est une tâche vraiment répétitive. » Il le fait en moyenne huit heures par jour pour 3 000 yuans par mois, soit 380 euros, un salaire relativement inférieur au revenu moyen dans la ville de Tongren. « J'éprouve un sentiment de fierté, confie-t-il. Nous aidons les grandes entreprises. Notre travail face à des ordinateurs est plus décent que de courir toute la journée à l'extérieur. »

Même sentiment de fierté pour Li : « J'ai participé à la réalisation du projet de voiture sans pilote de Baidu. J'ai dessiné le cadre qui permet à la voiture de rouler aux États-Unis ! J'ai parfois le sentiment d'être aussi un col blanc, même si je sais que ce n'est pas vrai, nous aimons bien en plaisanter ! Mon travail consiste à dessiner un cadre photo, poursuit-il. L'ordinateur affiche constamment des images. Je dois encadrer et marquer divers objets dans l'image, afin que le système d'identification des véhicules sans conducteur puisse améliorer la conduite et la sécurité. C'est un travail très répétitif qui demande une attention de chaque instant. Chaque jour, je dessine des milliers de cadres. » En moyenne, Li travaille cinquante à soixante-dix heures par semaine pour 3 800 yuans par mois.

▸ Les prénoms de **Lian** et **Li** ont été modifiés car ces personnes souhaitent garder leur anonymat. Ces témoignages ont été réalisés par Zhenchao Hu à Tongren dans la province de Guizhou en Chine.

À des milliers de kilomètres de là, à Ouagadougou, au Burkina Faso, Christelle et Sylvia travaillent, elles aussi, au bon fonctionnement de la numérisation de notre monde. Contrairement à Lian et Li, ces deux étudiantes ne travaillent pas dans un bureau collectif mais chez elles ou dans un cybercafé, en payant leur connexion. Elles sont employées par une plateforme socialement responsable de tâches digitales pour l'intelligence artificielle et le traitement des données. Leurs tâches sont multiples : édition de factures, annotation de tickets de douane, transcription de tickets de caisse pour des sociétés européennes, description d'objets... En moyenne, deux cent quarante tâches sont payées 2,84 euros. « Pour réaliser deux cent quarante tâches, il faut au moins trois à quatre heures. Cela dépend aussi de la qualité de la connexion, sachant que je la paie 30 centimes d'euros de l'heure, explique Sylvia. Je me connecte tous les jours après mes cours, mais il n'y a pas toujours du travail. »

« Il est également nécessaire de créer son entreprise pour être payée, raconte Christelle. Au Burkina Faso, ces démarches peuvent s'élever à 70 000 francs CFA, soit 200 euros. [...] Il est vrai que ces tâches sont répétitives, mais je ne connaissais pas bien le digital jusqu'à présent. J'apprends, je renforce ma culture générale. »

Bien que toutes deux travaillent pour une plateforme spécialisée et engagée dans l'émancipation des femmes, nous avons été surpris qu'aucune des deux n'ait encore été rémunérée après plusieurs mois de travail. En effet, elles doivent atteindre le montant de 150 euros de tâches afin de pouvoir toucher leur argent.

▸ Les prénoms de **Christelle** et **Sylvia** ont été modifiés à leur demande afin de garder leur anonymat. Ces témoignages ont été réalisés par la journaliste Fanny Noaro-Kabré, correspondante au Burkina Faso de plusieurs médias français tels que Radio France ou TV5 Monde.

Ces exemples aux quatre coins du monde démystifient une autre croyance : les machines n'ont pas remplacé les humains. En plus des employés très diplômés qui réalisent les algorithmes, une multitude de petites mains permettent à l'intelligence artificielle de fonctionner en étiquetant, en répertoriant les données et en identifiant les images. Elles sont indispensables à différentes étapes, de la préparation des données à l'entraînement de l'algorithme.

« Nous avons un projet avec le parc national du Mercantour, afin d'identifier les animaux qui passent devant leurs caméras, raconte Charles Bouveyron, directeur de l'institut 3IA Côte d'Azur. Regarder toutes ces vidéos prenait énormément de temps et mobilisait des gardes du parc quand ils auraient dû être sur le terrain. Ils ont dû regarder six cents vidéos et ont identifié les loups, les blaireaux et autres animaux afin d'entraîner les algorithmes. Le gain est que, par la suite, ils n'auront plus à le faire. »

▶ Mathématicien, **Charles Bouveyron** est directeur de l'institut 3IA Côte d'Azur, l'un des quatre instituts interdisciplinaires d'intelligence artificielle en France. Situé à Sophia Antipolis, cet institut a été labellisé dans le cadre du programme national pour l'intelligence artificielle. Un des objectifs de cet institut, porté par l'université Côte d'Azur, est d'associer recherche, collectivités locales et entreprises du territoire autour de projets de l'IA.

En 2013, une étude a fait les gros titres des journaux avec cette prévision : 47 % des emplois aux États-Unis risquent de disparaître d'ici dix ou vingt ans[2]. « Ces prévisions étaient fantaisistes, révèle Dominique Méda, sociologue, mais elles ont eu des effets néfastes, parce qu'en faisant peur aux travailleurs cette étude leur a finalement laissé entendre que leur emploi était menacé et donc qu'il fallait accepter des sacrifices pour le garder. » En 2016, une étude recadre considérablement le débat : 9 % des emplois sont automatisables en moyenne dans les vingt et un pays de l'Organisation de coopération et de développement économiques (OCDE)[3]. Environ la moitié des travailleurs seront confrontés à la nécessité de s'adapter considérablement au cours des quinze prochaines années[4]. Les nouvelles technologies bouleverseront les emplois, mais elles ne les supprimeront pas.

▸ **Dominique Méda** est philosophe et sociologue. Fine connaisseuse du monde du travail, elle est professeure de sociologie à l'université Paris-Dauphine et directrice de l'Institut de recherche interdisciplinaire en sciences sociales (Irisso).

Aujourd'hui, ces nouvelles technologies ont tendance à accentuer les inégalités en polarisant les emplois. Une partie très hautement qualifiée : d'un côté, les mathématiciens et informaticiens qui conçoivent et manient les algorithmes, de l'autre, les petites mains qui mettent aux normes les données, ainsi que tous les métiers qui découlent des plateformes utilisant de l'IA comme les livreurs d'Amazon ou les chauffeurs d'Uber.

Prenons l'exemple du textile. « Le tâcheron au XIXe siècle était un preneur d'ouvrage, rappelle Pauline Barraud de Lagerie, sociologue. Il avait une commande qu'il distribuait ensuite à des travailleuses à domicile. Chacune avait un petit bout de la commande à effectuer pour mener à bien le projet. Aujourd'hui, nous sommes dans ce même fonctionnement, avec un intermédiaire qui distribue la commande globale d'un client à une foule de petits travailleurs. » Le tâcheron, aujourd'hui, est la plateforme via son algorithme.

▸ **Pauline Barraud de Lagerie** est maîtresse de conférences en sociologie à l'université Paris-Dauphine et chercheuse à l'Irisso. « Je me suis intéressée à ces nouvelles formes d'exploitation auxquelles on ne s'attendait pas en France », nous dit-elle.

Difficile d'avoir une évaluation précise du nombre de travailleurs dans le monde qui effectuent ces micro-tâches liées à l'intelligence artificielle telles que l'étiquetage de données ou encore la modération de contenu. En France, une première estimation de deux cent cinquante mille microtravailleurs occasionnels avait été établie[5]. Or, certains inscrits sur ces plateformes travailleraient peu, voire jamais. Selon Pauline Barraud de Lagerie, il faudrait diviser cette estimation par environ dix, soit près de vingt-cinq mille micro-travailleurs, en France.

En 2005, la création de la plateforme de microtâches du géant de l'e-commerce, Amazon Mechanical Turk, marque le début de cette nouvelle forme de travail. Ces travailleurs occasionnels ne bénéficient d'aucune protection sociale. Au départ, les plateformes ont voulu jouer sur un discours de « gamification », en utilisant les codes des jeux. « Il y a un flou, poursuit Pauline Barraud de Lagerie. Nous sommes à la limite entre des emplois à la pièce, tels que les colleurs d'affiches, et la logique du jeu avec le couponing, les cartes de fidélité ou la rémunération en nature. Comme les plateformes sont entre les deux, elles ont réussi à être dans une zone grise. [...] En théorie, le modèle est : "Quand vous avez deux minutes, vous vous connectez, vous faites une tâche, puis vous repartez." En pratique, une faible proportion de personnes mais non négligeable, de l'ordre de 6 % dans notre enquête[6], viennent tous les jours, y passent des journées entières pour seulement quelques dizaines d'euros par mois. »

L'organisation internationale du travail a alerté à plusieurs reprises à propos de ce retour en arrière en préconisant de revenir aux fondamentaux du droit du travail tels que le salaire minimum. « Nous avons noté à plusieurs reprises le silence entourant le microtravail, écrivent les sociologues Paola Tubaro, Antonio Casilli et Marion Coville[7] [...]. Les clients en savent peu sur les microtravailleurs

– tout comme ces derniers ignorent souvent les objectifs de leurs tâches [...]. Ironiquement, toute l'étendue de l'intervention humaine n'est pas claire, même pour les principaux acteurs de l'industrie. L'incitation à obscurcir le rôle des contributeurs humains est plus élevée lorsque la crédibilité des promesses d'automatisation totale est en jeu. [...] Cela contribue à garder le microtravail loin du regard du grand public et de l'agenda des décideurs. » Dans leur article, ces chercheurs rappellent l'exemple de Google Duplex, un assistant vocal automatique qui réalise, entre autres, des réservations de restaurants. En mai 2019, 25 % de ces réservations étaient réalisées par des humains[8]...

‣ **Antonio Casilli** est professeur de sociologie à Telecom Paris, chercheur à l'Institut interdisciplinaire de l'innovation du CNRS et chercheur associé à l'École des hautes études en sciences sociales. Ses travaux ont mis en lumière les microtravailleurs du clic. Il classe ces travailleurs en trois catégories : la première regroupe des emplois à la demande, comme les livreurs de Deliveroo ou les chauffeurs d'Uber ; la deuxième, les microtravailleurs qui réalisent des tâches afin de faire fonctionner l'IA et mettre aux normes les données ; enfin, la troisième catégorie regroupe tous les utilisateurs qui réalisent du travail gratuitement notamment via les réseaux sociaux.

DEUXIÈME PARTIE

L'intelligence artificielle au quotidien

Les machines ne fonctionnent pas seules et ne sont pas prêtes à prendre le pouvoir, au sens de la science-fiction. Cependant, l'intelligence artificielle est déjà utilisée dans de nombreux secteurs de notre société, sans que nous ne nous en rendions forcément compte.

L'IA et la santé

Des programmes d'intelligence artificielle secondent déjà les médecins dans divers domaines. En premier lieu, l'imagerie médicale. Des algorithmes obtiennent par exemple d'excellentes performances dans la reconnaissance des mélanomes ou des rétinopathies. Pour y parvenir, de grands échantillons d'apprentissage sont nécessaires : cinquante mille images dans le cas des mélanomes, cent vingt-huit mille dans celui des rétinopathies[1].

Jean Charlet, spécialiste de ce secteur, insiste sur la nécessité de la prise de la décision finale par le médecin : « Ce point est délicat, d'autant plus dans le domaine de la santé. Ces outils ne peuvent être qu'une aide à la décision. Il existe par exemple un projet de développement d'un système afin de déceler les grossesses extra-utérines lors d'échographies. Les images de l'échographie seront envoyées dans une banque d'images, l'algorithme regardera les similarités et pourra indiquer si l'image est proche d'un cas dangereux. Créer un couple médecin-machine efficace, voilà ce qui nous intéresse. La machine seule n'est éthiquement pas acceptable. »

▸ **Jean Charlet** est chargé de mission recherche à l'Assistance publique-Hôpitaux de Paris (APHP) et mène ses recherches à l'Inserm. Il est chercheur en IA, spécialiste de l'ingénierie des connaissances pour la médecine.

« Je pense que les modèles d'apprentissage du type réseaux de neurones peuvent être une aide extraordinaire pour les médecins, à condition de garder l'esprit critique, ajoute Nicolas Sabouret. L'intelligence artificielle peut se tromper. Lorsqu'elle se trompe, elle se trompera lourdement, et ce même si, en moyenne, elle peut donner des meilleurs résultats de diagnostic sur certains cancers. »

Des logiciels existent déjà afin d'aider un médecin à réaliser un protocole complexe contre le cancer ou à rédiger une ordonnance en évitant les mauvaises interactions possibles entre médicaments. « L'acceptabilité des outils est essentielle, précise Jean Charlet. À propos des outils de contrôle des prescriptions médicamenteuses, la question est de savoir comment régler le seuil d'alerte. S'il y a trop d'alertes et si l'interface est trop intrusive, les médecins arrêteront de s'en servir. »

Nicholas Ayache, autre spécialiste du secteur, mise beaucoup sur le jumeau numérique : « Il y a deux composantes, la composante anatomique et la partie physiologique. Pour l'instant, nous n'utilisons pas encore ces jumeaux numériques dans leur globalité, seulement des morceaux. Aujourd'hui, plus une seule chirurgie un peu complexe n'est réalisée sans avoir d'abord réfléchi sur un clone numérique. Ce clone est construit à partir d'un modèle générique. » À partir de ce modèle générique, le jumeau numérique est ensuite personnalisé à partir de toutes les données disponibles sur le patient : images médicales, style de vie, comportement…

▸ **Nicholas Ayache** est directeur scientifique de l'Institut interdisciplinaire d'intelligence artificielle 3IA Côte d'Azur à Sophia Antipolis. Membre de l'Académie des sciences, cet informaticien, spécialisé dans l'aide à l'image médicale et l'aide à la médecine, est directeur de recherche à l'Institut national de recherche en informatique et automatique (Inria).

Dans le secteur de la santé, les algorithmes reposent à 80 % sur des données qui proviennent de textes et qui sont très hétérogènes. « Le médecin a la capacité de mettre sur la table des IRM, des questionnaires de santé, des courbes de températures, des examens de santé, poursuit Charles Bouveyron. Aujourd'hui, un programme d'IA n'est pas capable de tout mettre ensemble. Notre équipe de recherche travaille notamment sur ces enjeux. »

En chirurgie, la technologie peut aider à réaliser des gestes très précis grâce à des robots et permet aussi d'autres prouesses comme les cœurs, les rétines artificiels ou les prothèses. La limite entre réparation et augmentation du corps peut parfois être floue. « Aujourd'hui, les lunettes sont remboursées lors d'une myopie, souligne Éric Chenut, vice-président délégué de la Mutuelle générale de l'Éducation nationale (MGEN). Il existe déjà une opération de la myopie chirurgicale. Vous pouvez obtenir 25/10e. Il est même possible de faire en sorte que vous voyiez les infrarouges. Est-ce utile ? Jusqu'où le remboursement doit-il aller ? Chacun de nous doit s'interroger. Il faut choisir en toute connaissance de cause. »

‣ **Éric Chenut** est vice-président délégué de la MGEN. Le groupe MGEN et la Commission nationale française pour l'organisation des Nations unies pour l'éducation, la science et la culture (Unesco) ont lancé une plateforme de consultation publique sur les données, l'intelligence artificielle et le transhumanisme.

Avec toutes ces données collectées, l'individualisation du risque est une dérive possible. « Alphabet, la maison mère de Google, a récemment commencé à investir dans l'assurance-maladie, explique

Philippe Besse, mathématicien. Imaginez : vous êtes américain, on vous demande votre génotype, on vous demande d'installer sur votre smartphone une application qui mesure votre activité physique. Et à partir de là, on calcule votre cotisation à l'assurance santé. »

Les cotisations pourraient donc devenir individualisées et mettre fin au principe de mutualisation du risque. Selon Éric Chenut, la question est surtout de savoir quels acteurs seront demain responsables de l'assurance : « C'est une question éthique essentielle. Ceux qui génèrent la donnée et qui la pilotent le mieux seront-ils les prochains assureurs ? Ne faut-il pas, par principe, imposer la non-lucrativité à l'assurance pour qu'elle soit supportable, en particulier si toutes les données générées sont en permanence posées en équation économique ? Il ne faut pas oublier que c'est notre vie privée la plus intime qui est concernée. »

▸ **Philippe Besse** est mathématicien, professeur émérite à l'Institut national des sciences appliquées (Insa) de Toulouse et chercheur à l'Observatoire international des impacts sociétaux de l'IA (université de Laval) : « Je forme des statisticiens, spécialistes des sciences des données et d'algorithmes d'intelligence artificielle. L'affaire Servier m'a poussé à m'intéresser également aux aspects plus sociétaux et juridiques. J'aborde régulièrement la déontologie dans mes cours. »

En France, les données sur la santé sont relativement bien protégées, contrairement à d'autres pays où les scandales sont plus récurrents. La plateforme des données de santé (Health Data Hub) devait être hébergée sur des serveurs Microsoft. Le Conseil d'État a signalé des risques de transfert de données vers les États-Unis. Le 8 octobre 2020, le secrétaire d'État au numérique a donc indiqué que le gouvernement transférera le Health Data Hub sur des plateformes françaises ou européennes.

Autre point qui inquiète régulièrement les citoyens et enflamme les réseaux sociaux : le corps connecté. Par exemple, l'implant de puces à l'intérieur du corps pour vérifier la vaccination ou prévenir des crises d'épilepsie. Un projet de recherche de l'Institut de technologie du Massachusetts financé, entre autres, par la fondation Bill et Melinda Gates, alimente de nombreuses craintes : ces ingénieurs ont mis au point un moyen de stocker des informations médicales sous la peau, à l'aide d'un colorant et d'un patch à microaiguilles avec un vaccin. Le colorant, invisible à l'œil nu, peut être lu plus tard à l'aide d'un smartphone spécialement adapté. « Le grand espoir de la médecine : des puces à l'intérieur du corps qui soient des nanorobots capables de communiquer avec l'extérieur pour que le médecin puisse corriger telle ou telle variable dans le sang ou l'urine, s'inquiète Jacques Testart. Je trouve cela plutôt terrorisant. La maîtrise de l'humain n'existe pas. Je le répète. On parle de maîtrise du vivant au lieu de la modification du vivant. Nous ne savons pas orienter les conséquences de ce que l'on modifie. »

La voiture autonome

Deuxième secteur très symbolique de l'IA : la voiture autonome. Benoît Miramond travaille avec Renault à la conception de capteurs moins consommateurs de données, très utiles pour ce type de voitures. Nous lui avons demandé si la voiture autonome était prête. Sa réponse est claire : « Non. Si l'environnement est assez bien maîtrisé, les carrefours évacués ou si la voiture est sur l'autoroute, c'est possible. Tant que l'environnement est maîtrisé, nous sommes capables de modéliser. Toutefois, toutes les imprédictibilités ne sont pas modélisables. En ville, une voiture peut sortir d'un garage, un enfant peut traverser, chercher son ballon… »

▸ **Benoît Miramond**, professeur à l'université Côte d'Azur, est à la tête d'une chaire à l'institut 3IA à Sophia Antipolis. Ses recherches explorent de nouvelles architectures matérielles adaptatives inspirées des neurosciences et des sciences cognitives pour les applications d'IA embarquées.

Même réponse pour presque tous les chercheurs interrogés : la voiture totalement autonome n'est possible qu'en circuit fermé. « Nous courons toujours le risque, lorsqu'il n'y a pas de conscience, que le programme se trompe de *A* à *Z*, affirme Daniel Goossens. Dans 99 % des cas, il se débrouillera bien, mais il y aura la situation malheureuse où ce sera la catastrophe. »

« Ma Tesla conduit très bien sur l'autoroute toute seule et c'est super ! témoigne Luc Julia. Mais lorsque je suis en ville, elle ne peut pas : les cas particuliers sont beaucoup plus compliqués. Les voitures totalement autonomes, avec les méthodes actuelles, n'existeront jamais. »

Selon Benoît Miramond, les voitures deviendront de plus en plus autonomes en conservant une vigilance humaine : « Je ne pense pas que nous atteindrons cette dernière phase d'autonomie. Tant que l'humain est derrière pour reprendre le contrôle, il me semble que c'est un outil intéressant. Sur l'autoroute, on peut lâcher les mains, se reposer un peu, mais on garde quand même un œil vigilant sur ce qui se passe. »

Cette interface entre l'homme et la machine ne sera pas forcément le plus simple à créer. « Le système doit pouvoir redonner la main au conducteur humain, poursuit Philippe Besse. Le conducteur humain qui n'a pas conduit depuis quelque temps saura-t-il reprendre la main ? Je ne sens pas très bien l'interface entre le robot et le conducteur humain. Aux États-Unis, un accident s'est produit : une voiture autonome suivait un camion transportant une poutre qui dépassait. Le système a précisé qu'il ne savait pas quoi faire. La personne n'a pas repris la main à temps parce qu'elle pensait à autre chose. La voiture s'est encastrée dans la poutre et a tué le conducteur. »

Autre frein à la généralisation de ce système : le prix. « Le coût du véhicule est largement accru par l'intégration de tous ces capteurs ajoutés, précise

Benoît Miramond. L'achat d'une voiture en partie autonome est environ deux fois plus élevé ! Cet ordre de prix peut varier d'un constructeur à l'autre. Aujourd'hui, l'essentiel de l'information provient d'un capteur laser qui fait une rotation autour du véhicule et qui construit une scène en trois dimensions. Un capteur coûte déjà presque la moitié du prix d'un véhicule bas de gamme. »

De l'IA au cœur de nos sociétés

Il serait difficile et surtout très long de réaliser un inventaire précis de tous les aspects de nos vies impactés par l'IA. Même les parties les plus intimes sont concernées. En 2020, 31 % des Français étaient inscrits sur un site de rencontre en ligne[2], des sites qui utilisent de l'IA pour faire correspondre les profils.

Voici un tour d'horizon non exhaustif des usages de l'IA : des armes aux ressources humaines, en passant par le secteur crucial de l'agriculture.

Dès l'origine, les innovations dans le domaine de l'intelligence artificielle sont très liées au secteur militaire, à tel point que plusieurs chercheurs interrogés craignent que leurs découvertes soient utilisées à mauvais escient. « Il faut éviter les malentendus car l'arme autonome est encore un fantasme, indique Jean-Gabriel Ganascia. C'est Terminator. La machine ne se déploiera pas toute seule. Il y a toujours des hommes derrière. En revanche, des systèmes d'armes utilisant des techniques d'intelligence artificielle peuvent effectivement se révéler très dangereux car un écart se crée entre l'opérateur et les effets. À cet égard, la guerre des drones est très intéressante. Les drones ne sont pas autonomes. Cependant, pour déterminer les cibles, il y a eu une utilisation massive de techniques de traitement de l'information qui ont conduit à un tas de bavures incroyables. Les cibles terroristes étaient identifiées en fonction de conversations sur des téléphones portables. En fait, beaucoup d'erreurs d'identification ont eu lieu. Les outils d'intelligence artificielle peuvent donc être utilisés de façon absolument désastreuse. » Une étude a montré que le taux de victimes civiles tuées par des drones est dix fois plus élevé que celui des avions américains[3], notamment à cause du faible niveau de qualité des informations sur lesquelles reposaient les frappes des drones.

Autre secteur concerné : l'agriculture. L'agriculture 4.0, dite intelligente ou digitale, est-elle *la* solution pour nourrir la planète ? Le marché des produits agricoles de précision et numériques devrait croître de 12 % par an et atteindre plus de 10 milliards d'euros d'ici 2025[4]. Ce nouveau marché attire les multinationales de l'agroalimentaire. En 2013, Monsanto a acheté la Climate Corporation, qui fournit des produits agricoles numériques pour 1 milliard de dollars, tandis que Bayer a investi plus de 200 millions de dollars dans le secteur de l'agriculture numérique[5]. Suite au rachat de Monsanto par Bayer, la société affirme disposer de la première plateforme numérique agricole du monde. Les technologies se retrouvent entre les mains des multinationales d'engrais, de pesticides et de semences génétiquement modifiées. Les capteurs pour prélever les données de la météo, des épandages et de leur traitement risquent de réduire encore un peu plus l'autonomie des agriculteurs. En plus des engrais et des pesticides, nous deviendrons dépendants de machines informatiques et de données traitées par des multinationales pour nous nourrir. Avec l'agriculture digitale, nous renforçons la même logique d'exploitation : un agriculteur qui n'est pas souverain de ses choix agricoles, avec une même agriculture déployée sur l'ensemble de la planète. Sans même prendre en compte la pollution liée au numérique[6], cette logique va totalement à l'encontre de l'agroécologie*.

Lors de notre enquête, nous nous sommes rendu compte que l'IA au sein de l'agriculture était souvent perçue comme une excellente solution, même par des personnes de bonne foi, pour nourrir la planète. Aujourd'hui, la grande majorité des personnes qui souffrent de la faim dans le monde sont des paysans qui ne pourront jamais acquérir tous ces outils très sophistiqués. Dans notre carnet sur la faim dans le monde[7], nous avons montré qu'il était tout à fait possible de nourrir la planète grâce à l'agroécologie, même avec l'augmentation de la population, sans outils technologiques à base de données.

En revanche, un autre domaine a mis d'accord de nombreux spécialistes interrogés : les programmes d'intelligence artificielle sont efficaces pour détecter les pannes et les fraudes. Les machines seraient donc performantes pour surveiller d'autres machines ou pour gérer des stocks. « Depuis 2010, je me rends compte que les étudiants se dirigent vers les secteurs industriels, témoigne Philippe Besse. Ces entreprises se sont mises à l'intelligence artificielle. Auparavant, cela concernait surtout les sociétés du tertiaire comme les banques et les assurances. La dernière thèse que j'ai encadrée portait sur l'identification des sources de défaillances au sein de l'entreprise Continental. C'est très intéressant. Les recherches portaient sur des systèmes de production extrêmement complexes, avec une centaine d'étapes. L'IA est capable de détecter très rapidement le système défaillant. »

Même réussite au sein de l'entreprise Schneider. « Nous avions une machine qui réalisait des bobines de cuivre, tournant à très grande vitesse avec une broche, raconte Thierry Hanau, ingénieur. Lorsque cette broche était cassée, il fallait la démonter et réparer la machine. Nous avons mis un petit capteur avec un logiciel d'analyse de signal, de bruit, de son. Ce petit capteur analyse et détecte une vibration anormale. Nous arrêtons la machine avant qu'elle ne casse. En une demi-heure, nous réalisons la réparation avant la panne. Cela nous évite d'arrêter la machine pendant trois jours. Ce petit capteur avec un logiciel d'IA est assez léger. Le bilan énergétique et économique est très favorable. »

▸ Ingénieur de formation, **Thierry Hanau** est salarié de Schneider Electric, détaché depuis un an à l'association négaWatt afin d'apporter son expertise industrielle et numérique. Chez Schneider, il était responsable de la conception des systèmes d'information et de l'innovation, dont l'intelligence artificielle.

En matière de fraude, l'entreprise spécialisée en IA gérée par Guillaume Leboucher atteint des taux de détection de 97 % ! « Nous réalisons de la détection de fraude au sein de la banque, précise Guillaume Leboucher. Grâce aux données, nous avons repéré qu'un jeune se connecte à son compte bancaire en 2,5 secondes ; en 7 secondes, lorsque l'utilisateur est un peu moins jeune. Lorsqu'un compte bancaire est ouvert en moins d'une seconde, nous savons que c'est un robot fraudeur. » Il faut beaucoup de données pour que la plupart des programmes d'intelligence artificielle fonctionnent et de l'argent pour les mettre en place. Par conséquent, les grandes entreprises investissent davantage dans ce domaine.

▸ **Guillaume Leboucher** dirige Openvalue. Cette société aide les grandes entreprises à réaliser des programmes d'IA. Passionné par la transmission, il a également fondé l'association L'IA pour l'école.

En France, l'emploi d'algorithmes progresse rapidement : dans les administrations pour les prestations sociales, à l'Éducation nationale avec Parcoursup. Cependant, aux États-Unis, la police et la justice utilisent des programmes d'IA beaucoup plus massivement qu'en France. Nous analyserons plus loin[8] les problèmes d'opacité et de biais* de ces boîtes noires.

Aujourd'hui, même les ressources humaines ont recours à ces logiciels pour trier les *curriculum vitae* ou analyser des entretiens. Difficile de disposer d'études précises. En France, 11 % des directeurs de ressources humaines auraient déjà déployé des outils d'IA[9]. « Dans le domaine RH, pour détecter les émotions dans la voix, par exemple, je trouve que les sociétés utilisent des systèmes qui ne sont pas fiables : vous avez un cheveu sur la langue, une modification dans la voix, vous passerez pour quelqu'un de peu engageant et un *ranking** mettra votre CV en bas de la page, regrette Laurence Devillers, professeure en intelligence artificielle. On ne devrait pas utiliser ces outils d'apprentis sorciers. Je suis pour la technologie, mais on ne doit pas utiliser des outils avant qu'ils soient vérifiés. »

▸ **Laurence Devillers** est professeure en intelligence artificielle à Sorbonne université, spécialisée dans l'informatique et les interactions affectives humain-machine. Elle effectue ses recherches au Laboratoire d'informatique pour la mécanique et les sciences de l'ingénieur-CNRS. Elle est également membre du Comité national pilote d'éthique du numérique et du Comité d'éthique de la publicité.

Une étude estime qu'en Europe une grande entreprise sur sept utiliserait de l'intelligence artificielle. Une autre, réalisée au sein de cent douze pays, évalue que plus de la moitié des entreprises auraient déjà mis en place des outils d'intelligence artificielle.

Lors de notre enquête, plusieurs intervenants sont convenus que les grandes entreprises ont des budgets d'investissement dans l'IA sans vraiment savoir dans quel objectif et pour quel bénéfice. Guillaume Leclercq, développeur informatique, se souvient d'une réunion avec des responsables techniques d'Engie : « Les interlocuteurs nous disaient explicitement : "Notre direction nous demande d'en faire, mais nous n'avons pas de besoins, nous n'avons rien à faire là-dessus. En faisant de l'IA, nous voulons juste être sûrs de ne pas être dépassés." »

▸ **Guillaume Leclercq** est développeur indépendant. Il s'occupe actuellement du système d'information du site web de la chaîne LCI. Il a travaillé auparavant pour l'entreprise Openvalue.

Même souvenir de Muriel Garnier, qui a dirigé les systèmes d'information chez Areva : « Les multinationales de la technologie ont beaucoup de pouvoir. Elles influencent parfois le *top management* de grands groupes en lui faisant miroiter des solutions miracles. Le *top management* vous impose ensuite l'utilisation d'un algorithme ou d'un logiciel. Le problème est que cela coûte cher sans toujours rapporter d'économies. Le personnel le rejette parfois. Et dans ce cas-là, le *top management* dit : "Ce sont les responsables techniques qui ont choisi"… »

▸ **Muriel Garnier** est en charge du programme IA au sein de l'association Le Laboratoire de l'égalité, dont l'objectif est de promouvoir la culture de l'égalité professionnelle au travail entre les femmes et les hommes. Pendant quinze ans, elle a été directrice des systèmes d'information d'Areva.

Lors de notre enquête, nous avons assisté à une réunion entre Thalès et les chercheurs de l'institut 3IA de Sophia Antipolis. Thalès leur a proposé de collaborer sur un guichet central unique, une plateforme commune à destination d'entreprises afin de proposer des solutions IA à divers problèmes. Selon Charles Bouveyron, cette plateforme est irréaliste : « Il est peut-être possible de réaliser une plateforme qui sera utile pour quelques exemples très précis. En revanche, il est complètement illusoire de penser qu'elle sera utilisable pour tout problème. En IA, des programmes marchent très bien. Par contre, c'est vraiment l'arbre qui cache la forêt. Des milliards de problèmes ne sont pas résolus. Le travail des chercheurs est immense. »

Au cours de cette enquête, nous avons été étonnés de l'ampleur prise par les algorithmes de prédiction, ceux qui aident à la prise de décision. La prévision a remplacé l'intuition. Un nouveau marché est apparu et a envahi de multiples domaines tels que la médecine, la justice, la police ou encore le marketing. « Nous prédisons les chiffres d'affaires des entreprises, indique Guillaume Leboucher. Par exemple, tous les trois ans, un *Star Wars* sort. On leur prédit le *goodie* qui sera le plus vendu : Luke Skywalker, Dark Vador ou l'épée du Jedi. » Dans ce cas, leur taux de réussite de prévision du chiffre d'affaires est de l'ordre de 70 à 90 %.

« Si l'entreprise permet l'accès aux données des dix dernières années, le programme d'IA fera normalement de meilleures projections de chiffre d'affaires que le directeur marketing, insiste Guillaume Leclercq. Lorsque les *data scientists** parviennent à le prouver, le gain pour les entreprises est évident. Cela permet de supprimer des postes, puisque le but de l'IA est également de remplacer des personnes par un logiciel moins coûteux. Les dirigeants d'entreprise sont beaucoup plus rassurés d'avoir une projection reposant sur une démonstration scientifique. Cependant, une projection, qu'elle soit faite ou non par l'IA, reste une projection. Elle peut être complètement fausse. Entre les prévisions d'un *data scientist* et ce qui sera présenté aux employés, il peut en plus y avoir une différence énorme. » Les résultats peuvent être dévoilés sans aucune précaution. Certains programmes d'IA permettent bien plus une analyse de la situation passée que d'une véritable prédiction.

Nous reviendrons plus loin sur les limites des mathématiques, des probabilités, des statistiques et des algorithmes dits intelligents[10]. Ces programmes réalisent encore beaucoup d'erreurs. Philippe Besse a indiqué que, selon les données qu'il avait pu étudier, les taux d'erreur des prédictions d'achat étaient facilement de l'ordre de 20 %. L'intelligence artificielle, par exemple, n'avait pas pu prédire la Covid-19 et cette pandémie a, bien sûr, faussé tous les modèles, notamment ceux fondés sur les données. « Une dynamique centrale dans nos sociétés, qui n'est pas du tout liée au numérique, consiste à maîtriser l'avenir, constate Dominique Cardon. Il y a une volonté d'obtenir des informations sur le futur. Plusieurs techniques existent : les marabouts, l'IA… On peut dire qu'avoir envie de connaître le futur fait partie de la condition humaine. »

Tous les secteurs évoqués, dans des domaines très divers, font donc appel aux mêmes employés : ceux qui maîtrisent les algorithmes, les données et le codage informatique. Les entreprises embauchent directement des *data scientists* ou font appel à des sociétés spécialisées. Ces mathématiciens et informaticiens sont issus des meilleures écoles. La France est particulièrement en pointe dans ce domaine. « Le travail d'un *data scientist* consiste à comprendre la donnée, à la préparer, à mettre en place l'algorithme et à le déployer en production, témoigne Damien Jacquemart, *data scientist*. La plupart des *data scientists* ne fabriquent pas leur propre algorithme. Celui-ci doit déjà être stable. »

▸ **Damien Jacquemart** est *data scientist* chez Dataiku, une société d'origine française spécialisée dans les modèles prédictifs à base de données.

Ce sont souvent les même algorithmes – une vingtaine environ – qui sont utilisés. « Nous faisons du sur-mesure, ajoute Alexandre Stora, chef de projet chez Quantmetry. Nous sommes des assembleurs, comme un constructeur automobile ; les pièces sont les différents algorithmes. Nous prenons différentes briques, des bouts d'algorithmes qui existent déjà : une brique qui convertit le texte de majuscules et minuscules, une brique qui convertit une date dans un autre format, etc. »

▸ **Alexandre Stora** est responsable de formation à l'Institut Quantmetry, société qui forme principalement de grands groupes européens à l'intelligence artificielle.

La finance, un secteur précurseur

« Notre entreprise a été créée il y a une dizaine d'années par Jérémy Harroch, qui était un ancien Quant* de Wall Street, raconte Alexandre Stora. Il a, en quelque sorte, appliqué les mêmes techniques, les mêmes algorithmes que ceux qu'il utilisait sur les marchés financiers pour d'autres industries telles que l'aéronautique, l'assurance… »

Au cours de notre enquête, les correspondances entre ce qui a été mis en place il y a déjà quelques années dans la finance et ce que l'IA réalise en ce moment sur l'ensemble de la société nous ont frappés sur plusieurs points. Nous avions enquêté longuement sur cette problématique pour le carnet d'alerte sur les excès de la finance[11].

Tout d'abord, les *data scientists* sortent des mêmes grandes écoles que les mathématiciens qui développent les algorithmes[12] pour la finance. Polytechniciens, centraliens, les meilleurs étudiants, naguère attirés par la finance, préfèrent aujourd'hui travailler dans l'IA appliquée à d'autres secteurs de l'économie.

Autre similitude : les marchés financiers ont été envahis par les mathématiques et les algorithmes, dont ceux de prédiction à base de données. Acheter ou vendre des actions dépend en grande partie de formules « magiques » reposant sur des théories très complexes. Et pourtant, les mathématiques isolent, nous a rappelé Nicolas Bouleau, mathématicien, dans notre carnet sur les excès de la finance. Ce chercheur fut l'un des premiers, il y a trente ans, à relier ces deux secteurs. Les maths ont trouvé dans la finance un terrain de jeu. La finance, elle, y a trouvé un outil pour se développer. Aujourd'hui, cet éminent mathématicien l'admet, les mathématiques ont trop envahi la finance : « C'est dur à dire pour un mathématicien, mais oui, il y a trop de maths dans la finance. Elles simplifient trop le réel. Elles isolent les banques. C'est une technicité très fine et élitiste. On fait trop confiance à la charpente mathématique et on ne prend pas assez en compte l'ancrage réel, social, géographique et historique. On oublie d'aller sur le terrain. On n'envoie plus les ingénieurs voir ce qui se passe dans les entreprises pour évaluer si telle innovation est pertinente ou non. On reste devant des écrans, on regarde ce que dit le marché et on fait des maths avec. »

▸ **Nicolas Bouleau**, polytechnicien, mathématicien, a dirigé pendant dix ans le centre de mathématiques de l'École des Ponts ParisTech. Il est connu pour avoir inventé et développé une théorie de la propagation des erreurs dans les modèles complexes.

« Cela correspond à une logique de l'abstraction totale, ajoute David Bourghelle, économiste. Le langage mathématique, par définition, vous rend complètement hors-sol par rapport à la réalité. Aujourd'hui, la plupart des étudiants qui valorisent les actifs ou les produits complexes n'ont jamais vu une entreprise. »

▸ **David Bourghelle** est maître de conférences en finance d'entreprise et de marché à l'université de Lille. « Lors de mon cours sur l'historique des marchés, raconte-t-il, je montre quatre photos à mes étudiants : une salle de marché dans les années 1930, dans les années 1980, dans les années 2000 et aujourd'hui. On voit clairement la disparition de l'humain et l'omniprésence de la machine. »

Aujourd'hui, nous appliquons cette mathématisation à l'ensemble de la société, en ajoutant, comme sur les marchés financiers, la rapidité grâce aux ordinateurs. Les achats et les ventes d'actions naguère réalisés par téléphone en plusieurs minutes s'effectuent aujourd'hui à la microseconde par des logiciels dernier cri. Cette pratique a un nom : le trading haute fréquence. Son objectif est d'être plus rapide que le concurrent. Un investisseur veut, par exemple, acheter cent actions. Un autre agent, bénéficiant d'une liaison plus rapide, les achète avant l'investisseur intéressé, avant de les lui revendre à un prix un peu plus élevé.

Au premier trimestre 2020, sur Euronext, la principale place boursière de la zone euro, le trading haute fréquence représentait 38,6 % de l'activité en volume[13]. Aujourd'hui, la fibre optique est même parfois remplacée par des micro-ondes. L'information ne circule plus dans le sol, mais en ligne droite dans l'air, ce qui permet de gagner une milliseconde sur 1 000 kilomètres[14]. Par temps couvert, les traders qui ont investi dans ces micro-ondes sont obligés de revenir à la fibre optique. Résultat : une étude[15] a montré que les marchés financiers fonctionnaient mieux par mauvais temps…

De nombreux économistes ont prouvé l'inutilité voire la dangerosité de cette pratique ; elle est pourtant loin d'avoir disparu. « Cela participe de cette même logique de dire : “Il faut absolument fluidifier”, décrypte David Bourghelle. Il faut que les marchés soient liquides et qu'ils assimilent extrêmement rapidement l'information dans les prix. Cette logique provient du dogmatisme de la théorie de l'efficience des marchés*. Il fallait absolument, sitôt la technologie disponible, automatiser les marchés pour atteindre cette liquidité. Concernant le trading haute fréquence, certains parlent même de course aux armements : c'est significatif ! »

Plus un marché est liquide, plus les titres financiers peuvent être achetés ou vendus, n'importe où et à n'importe quel moment. Rassurante pour les investisseurs, cette liquidité très forte peut être néfaste, notamment pour les entreprises, car elle encourage les investisseurs à se concentrer sur le court terme. Malgré cette dangerosité, nous sommes en train d'étendre ce concept de « forte liquidité » à l'ensemble de la société par l'intermédiaire d'algorithmes : tout doit pouvoir être acheté à tout moment. Même la rencontre amoureuse doit être liquide. Grâce à des applications comme Tinder, il est possible de trouver une personne à tout moment et proche de chez soi ! « L'histoire des sites de rencontre découle de cette même logique, estime Matthieu Montalban. Le site web* organise une mise en relation socialement problématique pour différentes raisons (le mariage n'a plus trop la cote, on manque de temps…). On organise donc des marchés digitaux de la rencontre très liquides ! »

Les analogies ne s'arrêtent pas là. Grâce à des formules mathématiques et des ordinateurs puissants, les financiers pensaient réussir à prévoir l'avenir et à répartir les risques. La crise des *subprimes** a montré le contraire : les produits financiers étaient si complexes que plus aucun acteur ne savait quels titres financiers il détenait. La vitesse des transactions a contribué à renforcer cette opacité. Les financiers ont fait confiance à ces mathématiques complexes, ils se sont déresponsabilisés. Ces comportements ont en partie conduit aux graves crises de 2008 et 2011, que nous avons analysées dans notre carnet d'alerte sur la finance[16]. Nous avions montré qu'en dépit des critiques de nombreux experts, peu de réformes structurantes avaient été mises en place. En menant cette enquête, nous nous rendons compte que non seulement la mathématisation et la rapidité n'ont pas été limitées, mais qu'en plus nous diffusons ces pratiques à l'ensemble de la société, sans aucun contrôle ! Comme dans le domaine de la finance, différents algorithmes sont compilés avec une confiance aveugle en ces outils. Ils sont loin de pouvoir tout prévoir, mais ils ont d'innombrables conséquences sur le réel. Nous avions démontré qu'ils avaient contribué aux excès de la finance et à ses multiples effets sur notre vie quotidienne : hausse des plans sociaux, endettement des États, accroissement du chômage et des inégalités, et même augmentation de la faim dans le monde à cause de la spéculation des matières premières. Avec l'algorithmisation d'une grande partie de notre société, la liste de ces effets néfastes risque fort de s'allonger…

TROISIÈME PARTIE

La publicité, un secteur clé de l'IA

S'il y a un secteur où les similitudes avec la finance sont flagrantes, c'est bien celui de la publicité en ligne qui utilise de l'IA pour cibler chacun d'entre nous selon nos habitudes et nos goûts. Comme pour le trading haute fréquence, les achats des espaces publicitaires se réalisent très rapidement, pas encore à la microseconde mais autour de 120 millisecondes !

La publicité, grande utilisatrice d'intelligence artificielle

Data brokers, *trading desk*, le vocabulaire utilisé est digne d'une salle des marchés. En une dizaine d'années, le secteur de la publicité s'est profondément transformé et automatisé. L'ensemble de la publicité sur Internet* dépasse le montant de la publicité réalisée à la télévision[1]. Près de 40 % des recettes publicitaires sont réalisées sur Internet[2]. Le marché de la publicité digitale a été multiplié par 2,5 en dix ans[3]. Avec Internet, la publicité a trouvé un terrain d'expansion sans limite, plus accessible et personnalisé que la télévision. Environ 86 % de l'espace publicitaire en ligne aux États-Unis est acheté et vendu en temps réel sur des plateformes de négociations électroniques[4].

En France, sur Internet, 89 % des recettes sont automatisées[5]. Mickaël Ferreira fait partie de ceux qui ont importé les publicités aux enchères : « En France, ça a commencé en 2010-2011, bien avant aux États-Unis. Ce sont exactement les mêmes mécanismes que le trading haute fréquence. Ces logiques de la bourse avaient d'ailleurs plu à l'entreprise pour laquelle je travaillais et qui était cotée. »

▸ Expert de la publicité digitale, **Mickaël Ferreira** a créé plusieurs entreprises dans ce secteur. Il travaille aujourd'hui au sein d'Azerion, une entreprise spécialisée dans la création de contenus de divertissement et le développement de technologies de monétisation.

« Le rêve de tout publicitaire est de créer une publicité qui semble s'adresser à un individu en particulier », insiste Théophile Megali, spécialiste du secteur. La rapidité a permis de multiplier les possibilités. « Lorsque vous ouvrez une page sur Internet, vous avez un certain nombre d'informations recueillies par des cookies*, des traceurs, poursuit-il. Ces signaux indiquent les préférences de l'utilisateur qui se connecte. Votre profil est alors mis aux enchères sur les différentes places de marché. Il est nécessaire que ces ventes aux enchères se passent très rapidement, puisqu'elles durent le temps du chargement de la page. »

▸ **Théophile Megali** est chercheur associé à la chaire « Gouvernance et régulation des données » de l'université Paris-Dauphine. Spécialisé en sciences de gestion, il a réalisé sa thèse sur le marché de la publicité en ligne et son autorégulation.

Florent travaille pour Criteo, la plus importante entreprise française de ciblage publicitaire. Il a réalisé ses études au sein d'une grande école française. Ingénieur, il analyse les performances publicitaires des différents algorithmes créés par Criteo. « Nous avons différents algorithmes considérés comme des produits, explique-t-il. Certains permettent de faire des recommandations à partir de critères. D'autres nous permettent de payer au prix juste une publicité. Les publicités en ligne sont un système d'enchères. Si vous vous connectez à une page web, le site web envoie une demande d'enchères à de multiples publicitaires différents. Le rôle du premier algorithme de recommandation est d'indiquer quelle publicité il faut afficher. Ensuite, un deuxième algorithme donne des indications sur le montant à miser. Pour vous donner un ordre d'idée, nous recevons 100 milliards de requêtes pour afficher des publicités sur des téléphones par jour, soit à peu près quinze par habitant sur Terre. Il serait impossible de le faire manuellement. Voilà pourquoi tout est réalisé par des algorithmes. » Les prix varient selon différents critères tels que le support, la renommée du site… « L'ordre de grandeur va de 1 centime et 100 euros pour mille publicités », ajoute Florent.

▸ Le prénom de **Florent** a été modifié car il souhaite témoigner anonymement. Criteo n'a pas répondu à nos demandes d'interview. En quelques années, cette entreprise française est devenue l'un des leaders du ciblage publicitaire et emploie plus de deux mille sept cents personnes à travers le monde.

Jean Vitali a, lui aussi, une formation d'ingénieur, en mathématiques et statistiques. Il a intégré pendant six mois l'équipe de *data analysts* d'une banque. Il analysait les données et transformait les rapports en codage informatique. L'objectif : bien cibler les produits financiers à vendre aux clients de la banque. « Nous avions accès aux données des comptes des clients (sexe, transactions avec la carte bleue, salaire…), témoigne-t-il. Ces données restent à l'intérieur de la banque, elle ne peut pas les revendre. Grâce à ces données, nous pouvions réaliser des prédictions très précises. Nous arrivions à bien prédire dans 80 % des cas ! »

▸ **Jean Vitali** est consultant en intelligence artificielle au Luxembourg depuis 2019. Il a fait ses études à l'École polytechnique à Lille dans la spécialité d'ingénieur en informatique et statistique.

Avoir accès aux données très détaillées d'un compte bancaire permet forcément un bon ciblage. En moyenne, la publicité ciblée est loin d'obtenir de telles performances. De nombreuses inexactitudes demeurent au sein des données. La performance des publicités ciblées peut considérablement varier. « Il y a peu de communications à ce sujet, confirme Théophile Megali. Entre la fraude et les différents standards qui coexistent d'une plateforme à l'autre, la performance n'est pas simple à estimer. Si on se réfère au taux de clics, le gonflement des chiffres peut être très important à cause des robots qui peuvent représenter la moitié de ces clics. Si un autre indicateur est utilisé, comme celui du nombre de vues d'une vidéo, cela dépend du nombre de secondes visionnées. La manière dont la métrique est produite influe sur le succès d'une campagne. Les publicitaires ont les yeux rivés sur ces chiffres. »

Plusieurs études ont pourtant démontré que le retour sur investissement de la publicité digitale n'est pas toujours avéré. Un ancien salarié de Google, Tim Hwang[6], affirme que ce marché est largement survalorisé, une bulle comparable à celle des *subprimes* qui a provoqué la crise de 2008. En 2019, 325 milliards de dollars ont été dépensés en publicité numérique dans le monde[7].

Des chercheurs ont étudié quatre-vingt-dix audiences* prédéfinies de dix-neuf courtiers en données. Ils démontrent que le ciblage permet une amélioration de l'identification du public d'environ 123 % par rapport à la sélection aléatoire[8]. Cependant, étant donné les coûts supplémentaires élevés des solutions de ciblage et de l'inexactitude relative de certaines données, ils concluent que ces audiences ciblées sont souvent économiquement peu attrayantes, sauf pour les emplacements multimédias les plus chers. En France, sur Internet, les prix des affichages publicitaires ciblés sont en moyenne de 30 à 50 % supérieurs à ceux des publicités non ciblées[9].

En 2018, Cambridge Analytica avait dérobé illégalement des données personnelles de plusieurs dizaines de millions d'Américains sur Facebook. Cette société affirmait avoir développé une technologie capable de tirer parti d'un profilage psychologique des électeurs. Des chercheurs[10] ont relativisé l'efficacité de ce profilage où l'on se sert de l'analyse de traces pour essayer de répondre à des tests psychologiques qui sont normalement remplis volontairement.

Une grande perdante : la presse

L'omniprésence des algorithmes sur le marché de la publicité digitale a de multiples conséquences, dont une particulièrement inattendue : par crainte des polémiques et pour soigner leur image, les marques ont multiplié des listes noires de termes. Créées aux alentours de l'année 2015 aux États-Unis, ces listes sont nées de la volonté des marques de ne pas être associées à des contenus faisant par exemple l'apologie du terrorisme. Cependant, ces listes de mots ne cessent de s'allonger : « crash d'avion », « Covid », « virus chinois », « viol », « meurtre »... près de trois mille termes[11] ! Elles s'appliquent sans distinction aux sites à contenus problématiques comme aux sites d'information. 80 % des annonces publicitaires diffusées sur les sites d'actualités sont soumis à des mots clés sur liste noire[12].

Cette pratique, qui commence à se répandre en France, peut avoir de lourdes conséquences pour la presse. Les journaux ne peuvent pas ne pas traiter les sujets liés au terrorisme, à la Covid-19, etc. « Si je vous prive de trois mille mots pour traiter de n'importe quel sujet, même si vous voulez écrire un article "bisounours", vous vous rendrez compte que vous finirez par avoir une tournure de phrase qui ne convient pas, regrette Florent Rimbert, d'Alliance de la presse d'information générale. De toute façon, nous ne connaissons pas les mots figurant sur la liste noire et un média d'information politique et générale ne changera pas sa ligne éditoriale. »

▸ **Florent Rimbert** est responsable du pôle développement numérique d'Alliance de la presse d'information générale, organisation qui rassemble près de trois cents titres de presse d'information politique et générale.

« C'est contreproductif, même pour l'annonceur, ajoute Pierre Petillault, parce qu'il se prive d'une très grande partie de ses cibles potentielles. »

▸ **Pierre Petillault** est directeur général d'Alliance de la presse d'information générale. Cette structure est le fruit de l'union des quatre syndicats historiques de la presse quotidienne : nationale, régionale, départementale et hebdomadaire régionale.

Alors que les journaux ont été particulièrement lus pendant le premier confinement, les mots liés à la Covid-19 bloquent les publicités à côté d'articles traitant de ce sujet. Résultat : entre février et juin 2020, aux États-Unis, les journaux en ligne ont enregistré un manque à gagner de 1,3 milliard de dollars[13] à cause de ces listes. À l'année, la perte est estimée à 2,8 milliards de dollars[14].

En France, la pratique est plus récente, mais commence également à faire des dégâts. « Aujourd'hui, les prestataires travaillent à trouver des solutions, assure Florent Rimbert. Ils essaient d'établir un lien entre le mot clé et le contexte sémantique et d'obtenir une compréhension sémantique du texte afin d'éliminer déjà toutes les erreurs. »

Comme toujours avec les nouvelles technologies, les discussions entre les différents acteurs commencent alors que les conséquences néfastes des pratiques sont déjà multiples. Beaucoup préféreraient mener ces réflexions en amont. Une nécessité d'autant plus essentielle pour la presse française que les recettes publicitaires des journaux sur support papier ont diminué de 71 % entre 2000 et 2017 en euros constants[15]. Les lecteurs se tournent de plus en plus vers la lecture des journaux sur Internet. Une perte que les transferts vers la publicité digitale n'ont pu compenser. Sur Internet, les plateformes bénéficient de l'essentiel des revenus publicitaires. L'apport d'Internet aux médias historiques ne représente que 6 % des revenus de la publicité digitale en France[16].

Organisées comme sur les marchés financiers, les ventes aux enchères de la publicité digitale ont multiplié les intermédiaires techniques : agences, *trading desks*, plateformes électroniques d'échanges publicitaires en ligne, services d'exploitation de données... Les ventes entre les annonceurs et les journaux ne se réalisent plus directement. La chaîne d'achat et de vente de ces annonces publicitaires à la milliseconde est très opaque. À chaque étape, sa commission. Résultat : seuls 40 % de l'investissement publicitaire des annonceurs reviennent aux sites d'information[17].

Malgré cette multiplicité d'acteurs, deux multinationales dominent largement ce marché : Google et Facebook. Google est même un acteur dominant à toutes les étapes de la chaîne de valeur. En 2019, en France, Google et Facebook se sont partagé 75,8 % du marché de la publicité en ligne, soit environ 4,4 milliards d'euros[18]. Entre 2016 et 2017, ils ont accaparé 92 % de la croissance du marché de la publicité digitale[19]. Avec la Covid-19, les revenus publicitaires de ce duopole ont encore augmenté d'environ 20 %[20]. « Le problème est la concentration du pouvoir autour de quelques acteurs mondiaux sur lesquels plus personne n'a vraiment de capacité à agir, déplore

Pierre Petillault. Même pour les États aujourd'hui, cela devient compliqué. Il est temps d'agir ! »

Plusieurs sources nous ont confirmé qu'une bataille se joue actuellement entre contenu et trafic. Selon Google, c'est grâce au trafic généré par son moteur de recherche que le contenu des journaux serait lu ; le contenu des articles de presse n'aurait donc aucune valeur… En janvier 2021, l'Alliance de la presse d'information générale et Google France ont signé un accord : la presse française pourra être rémunérée pour la reprise d'extraits de ses contenus dans le moteur de recherche. Reste à savoir si les montants, négociés individuellement, suffiront à rééquilibrer le rapport de force.

L'économie de l'attention

Le marché de la publicité est tel que certains chercheurs parlent d'économie de l'attention. Notre modèle extractiviste puise déjà le pétrole et de nombreuses ressources de la planète. Afin de continuer à accroître le Produit intérieur brut (PIB), il extrait désormais notre attention. « Aujourd'hui, on considère l'attention humaine comme une ressource, de même que l'eau ou le pétrole, décrypte Yves Citton, professeur de littérature et de médias. On pompe toute l'attention possible, on la vend, on s'en sert afin d'inciter l'achat, sans se soucier des externalités du pompage de ces ressources. Les conséquences sont nombreuses : les burn-out, le développement du conspirationnisme… Une écologie de l'attention se veut sensible à ces dangers de l'extractivisme et fait le lien avec l'écologie au sens de prendre soin de son environnement. »

Préserver son environnement n'est pas simple. Tout est organisé afin de capter notre attention et de nous garder connectés : les interfaces, les fameux *likes*… « Que signifient les saillances ? C'est ce à quoi je ne peux pas ne pas prêter attention, comme la sirène de pompier ou le gyrophare, explique Yves Citton. Lorsque cela arrive dans mon environnement, je ne peux pas ne pas le remarquer. Dans quel monde vivons-nous maintenant ? Nous vivons justement dans un monde qui multiplie ces saillances. Il peut les multiplier d'autant mieux qu'il pourra anticiper ce qui fait saillance pour moi grâce à mes données. »

▸ **Yves Citton** est professeur de littérature et médias à l'université Paris 8. Il codirige la revue politique, artistique et philosophique *Multitudes*. Il est également directeur exécutif de l'École universitaire de recherche (EUR) ArTeC (Arts, Technologies, numérique, médiations humaines et Création).

Au sein de l'espace public, sur Internet, les *nudges* se multiplient. Ce mot anglais désigne un coup de coude et renvoie également à une notion développée par des chercheurs de l'économie comportementale. « Voici un exemple, explique Laurence Devillers : vous cherchez un hôtel sur Internet. Une petite ligne rouge indique : "Vingt-quatre autres personnes sont en train de s'intéresser à cette chambre." Le *nudge* est une manipulation pour essayer d'influencer votre choix. »

En 2017, un consommateur américain moyen était exposé à 110 minutes de publicité par jour[21]. Une étude qui inclut les placements de produit ou le sponsoring arrive, elle, à quinze mille « stimuli commerciaux » par jour[22]. Un autre chiffre illustre bien notre dépendance aux écrans et aux plateformes : entre 2013 et 2018, un adulte français a passé en moyenne quatre heures par jour en ligne devant un ordinateur ou un téléphone, sans compter les 3 h 51 à regarder la télévision[23].

Nous sous-estimons souvent l'impact des publicités. Même si l'efficacité des publicités ciblées est parfois contestée, le fait d'être constamment entouré de ces messages a des conséquences. Une recherche expérimentale[24] a montré que la publicité pour une marque inédite qui s'ouvre dans une fenêtre sur votre écran laisse des traces favorables à la marque huit jours et même trois mois après l'exposition, alors que les internautes ne se souviennent plus de l'exposition publicitaire et pensent qu'ils n'ont jamais vu la marque auparavant.

Comme nous l'avions montré dans notre carnet d'alerte sur la croissance[25], la publicité pousse à une forme d'obsolescence programmée*, incite à consommer et à ne jamais être satisfait. Au-delà de la pollution générée par sa diffusion, elle nous encourage à surconsommer, avec toutes les pollutions engendrées. « J'étais en train de regarder les chiffres du marché de la publicité, cela a énormément augmenté, s'indigne Alma Dufour des Amis de la Terre. Des entreprises ne pouvaient pas faire de la pub, elles le font désormais grâce à Internet. Il faut limiter cette publicité, sinon cela ne s'arrêtera jamais. Malheureusement, nous sommes obligés de porter des demandes qui peuvent paraître un peu brutales et radicales comme pour pratiquement tous les sujets liés à l'écologie. »

▸ **Alma Dufour** est chargée de campagne « surproduction et surconsommation » aux Amis de la Terre. Cette association milite pour une transition vers des sociétés soutenables au Nord comme au Sud, intégrant à la fois des problématiques sociales, économiques et environnementales.

Réduire la publicité est une mesure qui nous a souvent été préconisée au cours de notre enquête sur la croissance. Le numérique et l'intelligence artificielle comme moyens de multiplier les possibilités de publicité entretiennent notre modèle fondé sur la croissance du PIB. Ces publicités ont également une autre finalité, plus directe : financer deux acteurs majeurs de l'IA, Facebook et Google.

La publicité, grand financeur de l'IA

Près de 80 % des revenus de Google[26] et 98,8 % de ceux de Facebook[27] proviennent de la publicité. Ce modèle économique est différent de celui des autres Gafam – Apple, Amazon et Microsoft – qui ont d'autres sources de revenus. Google et Facebook sont deux des entreprises phares de l'intelligence artificielle. Yann Le Cun, chercheur français mondialement reconnu comme un expert en ce domaine, dirige par exemple le département recherche de Facebook.

Pour de nombreux spécialistes interrogés, de multiples problèmes proviennent justement du fait que Google et Facebook sont financés par la publicité, de surcroît ciblée. « Une bonne partie du problème provient de la gratuité, affirme Tristan Nitot, ancien directeur du moteur de recherche français Qwant. Nous pourrions mettre en place des services de très bonne qualité, peu chers et respectueux de l'usager si ce dernier paie. Dans ce cas, aucun besoin de lui pomper ses données, de le suivre partout. Ce ne serait pas forcément si onéreux. Concernant un compte tel que Facebook, cela coûterait moins de 3 dollars par an. Accessoirement, Facebook gagne beaucoup plus. Le problème est que la gratuité est irrationnellement irrésistible pour le cerveau humain… »

▸ Passionné par les ordinateurs depuis son enfance, **Tristan Nitot** a une formation d'ingénieur. Il n'a cessé de travailler à la notion d'un « autre numérique possible ». Fondateur de l'association Mozilla Europe (un navigateur libre et gratuit), il a également dirigé le moteur de recherche français Qwant.

« Examinons le contrat d'usage de Facebook, ajoute Benjamin Bayart, cofondateur de La Quadrature du Net. On pourrait croire qu'il s'agit d'un contrat entre Facebook et moi. En réalité, le contrat est entre Facebook et le publicitaire. Et j'en suis l'objet. Vous allez me dire, mais c'est le cas de n'importe quel secteur fonctionnant avec de la publicité ; eh bien oui, c'est vrai ! À la télévision, on vend du téléspectateur moyen alors que Facebook vend de l'individu. C'est un cran plus loin ! Par principe, je suis opposé au fait de financer le web par la pub, mais je vois une différence de degré énorme entre les sites web qui affichent une publicité générique et les sites web qui affichent une publicité ciblée. Dans ce cas, la personne est traitée comme un objet et c'est fondamental. Je crois que c'est un problème philosophique profond. Mettre les gens en données, en chiffres, est une erreur. Il faut normalement des précautions éthiques, des garde-fous, comme c'est le cas par exemple dans les recherches en sociologie. On ne devrait pas avoir le droit de manipuler les données des usagers n'importe comment et surtout pas pour faire n'importe quoi. Aujourd'hui, on parle même de "cruncher" du Big Data. "Cruncher" évoque l'idée de croustillant, mâchouillage, de grignotage des données personnelles. »

▸ Informaticien, figure incontournable de l'activisme numérique en France, **Benjamin Bayart** est coprésident de la Fédération des fournisseurs d'accès Internet associatif et cofondateur de La Quadrature du Net. « L'informatique est une passion de gamin, raconte-t-il. J'aime faire et savoir-faire. Contrairement à ce que l'on imagine, l'informatique est très matérielle. »

QUATRIÈME PARTIE

Les données, ou l'art de l'indiscrétion généralisée

Tous les programmes d'intelligence artificielle n'ont pas besoin de données. Néanmoins, les plus répandus et en vogue aujourd'hui, les systèmes d'apprentissage, en consomment par milliards… En 2019, le marché de l'économie des données dépassait 400 milliards d'euros au sein l'Union européenne[1]. L'enjeu est donc de taille.

Une réglementation avancée en Europe

L'Europe a été la première zone du monde à adopter une réglementation ambitieuse de protection des données : le fameux RGPD, Règlement général sur la protection des données. « Le RGPD comporte plus de deux cents articles et reste un texte de portée générale. C'est sa spécificité et c'est d'ailleurs aussi sa force, souligne Régis Chatellier, de la Commission nationale de l'informatique et des libertés (Cnil). Les grands principes sont assez larges et peuvent s'appliquer à peu près à tout.

Les acteurs sont responsables. Ils doivent pouvoir démontrer qu'ils appliquent correctement ce règlement. Tout le monde est concerné : depuis votre boulanger avec sa newsletter jusqu'aux grands acteurs du numérique. »

▸ **Régis Chatellier** est chargé d'études prospectives à la Cnil, née de la loi Informatique et Libertés du 6 janvier 1978 et chargée de veiller à la protection des données personnelles.

Nous ne détaillerons pas ici l'ensemble de la réglementation sur les données. Voici un résumé des grands principes. Lorsqu'on navigue sur un site, une autorisation afin de recueillir les données via les cookies pour réaliser de la publicité ciblée doit être obtenue et ce consentement doit être explicite. « Les sociétés qui récupèrent les informations doivent être complètement transparentes sur l'utilisation des données, précise Laurie Liddell, de l'association de consommateurs UFC-Que choisir. Cette obligation d'information des personnes doit comprendre de nombreuses précisions : pourquoi les données sont-elles récupérées ? Dans quel but ? À qui seront-elles transmises ensuite ? Combien de temps seront-elles conservées ?… »

▸ **Laurie Liddell** est juriste spécialisée en Technologie, information et communication des données personnelles chez UFC-Que choisir.

De nombreux sites exploitent les zones grises de ce règlement appliqué en 2018 et frôlent l'illégalité. Afin de récupérer les données via les cookies, le consentement doit être explicite. Pourtant, les cases « accepter » sont parfois précochées en couleurs vives, contrairement aux cases « refus » en gris clair. Autre problème : il est souvent nécessaire de cocher de nombreuses cases au lieu d'une seule, « tout refuser ». Sur certains sites, les cookies sont fortement encouragés, voire nécessaires, prétendument afin d'optimiser votre « expérience » sur le site…

Autre zone grise : la revente des données. L'obligation de consentement des utilisateurs varie en fonction des usages et manque parfois de visibilité, d'autant plus que la chaîne d'intermédiaires dans la publicité est particulièrement opaque. « Si une société dépose un cookie, vous devez donner votre consentement ; mais ensuite, les fichiers de données sont échangés, loués ou vendus, souligne Laurie Liddell. Dans cette espèce de flou artistique, certaines sociétés publicitaires estimeront qu'elles ont besoin de votre consentement pour revendre vos données, et d'autres non. »

Aujourd'hui, impossible pour un internaute de supprimer toutes les publicités en naviguant, mais il est possible de réduire considérablement la publicité ciblée, voire de la supprimer, à condition de s'y retrouver parmi les différents paramètres et interfaces et d'accepter de perdre un peu de temps à cocher des cases…

La réglementation européenne donne d'autres droits aux citoyens, parfois méconnus du grand public : nous pouvons notamment avoir accès à nos données et les supprimer. « J'ai eu accès à mes données sur mon compte Google, témoigne Laurie Liddell. Il faut aller dans les paramètres. Si vous avez suivi le "parcours classique" de tout le monde sans faire attention à tous les boutons proposés, la publicité ciblée via votre compte Google y sera activée par défaut. En consultant votre compte, vous allez découvrir de multiples catégories au sein desquelles Google vous a classé. Parmi ces catégories, j'étais dans celles des chats, de la technologie et des voyages. Certaines catégories étaient un peu bizarres : une passion pour les humidificateurs… Il peut y avoir quelques ratés. Cependant, globalement, c'était assez fidèle à mes centres d'intérêt. Vous pouvez y accéder facilement. Sur Facebook, c'est également possible, je l'ai consulté il y a quelques mois. » On retrouve les mêmes catégories pour la publicité ciblée des sites web. Parmi elles, certaines peuvent être plus sensibles, telles que « a un tempérament suicidaire » ou « a des problèmes psychologiques type schizophrénie ».

L'anonymisation des données est un point qui peut prêter à confusion. Très peu d'informations sont nécessaires pour identifier une empreinte numérique. « La réglementation sur les données personnelles ne s'applique pas lorsqu'elle est anonymisée, précise Laurie Liddell. Mais une donnée peut devenir très facilement personnelle. Ce concept est difficile à percevoir. »

« La définition des données personnelles est très large, poursuit Régis Chatellier. Une donnée personnelle est une donnée qui permet d'identifier une personne, soit directement comme votre adresse IP ou votre numéro de Sécurité sociale, soit par recoupement de plusieurs bases de données. Retrouver une personne est facile. On peut le faire avec un GPS, par exemple, car la manière dont on se déplace vous est propre et unique. »

Certains utilisateurs, notamment aux États-Unis, estiment qu'au lieu de protéger le consommateur, il faudrait lui permettre de vendre ses données. Sur ce point, toutes les personnes interrogées – des associations de consommateurs aux juristes – ont eu la même réaction : c'est une très mauvaise idée ! « Il faudrait un droit de propriété sur les données pour pouvoir les vendre et en tirer profit, indique Célia Zolynski, professeure de droit privé. En réalité, cette théorie extrêmement libérale […] est intéressante, mais elle est illusoire, voire dangereuse. Pourquoi ? Parce que les conséquences pourraient être multiples : par exemple, l'augmentation du prix de votre mutuelle d'assurance du fait de l'exploitation de vos données. Ce droit de propriété signifierait n'avoir plus aucun droit de regard, de contrôle ou d'opposition aux usages des données. »

▸ **Célia Zolynski** est professeure de droit privé à l'université Paris 1 Sorbonne. Elle y codirige le département de recherche en droit de l'immatériel et est membre de la Commission nationale consultative des droits de l'homme (CNCDH) et membre du Comité national pilote d'éthique du numérique.

Le RPGP s'applique à tous les pays qui traitent de données des citoyens européens. « Notre standard est le plus élevé au monde, précise Régis Chatellier. Le RGPD a fait un peu tache d'huile au sens où, assez rapidement, le Japon, qui ne voulait pas se priver de travailler avec les Européens, a demandé une adéquation pour être compatible avec le RGPD. De même au Brésil. En Inde, ils ont presque fini de se doter d'une loi. »

Parmi les exceptions : les États-Unis… où partent la plupart de nos données. Conformément au RGPD, afin d'avoir accès aux données des citoyens européens, les Américains doivent en demander l'autorisation. En théorie, les grandes plateformes doivent le faire, mais la loi américaine autorise le gouvernement américain à y accéder. Pour résoudre ces contradictions, deux accords, le Safe Harbor, puis le Privacy Shield, ont été établis entre l'Union européenne et les États-Unis. De nombreux défenseurs des libertés les ont jugés trop conciliants envers les États-Unis. Ils ont d'ailleurs été invalidés. « Selon la Cour de justice de l'Union européenne, le droit américain n'est pas conforme au RGPD, décrypte Benjamin Bayart. Il est donc interdit de transférer les données des citoyens européens aux États-Unis. Il se trouve que, bien évidemment, Google, Amazon et Facebook continuent de le faire. La décision n'a été prise que mi-juillet 2020. » Un troisième accord entre les États-Unis et l'Union européenne sera peut-être trouvé, mais certainement pas avant plusieurs années.

« Pour des raisons de protection de la vie privée, je suis d'avis qu'il faudrait interdire toute forme de publicité ciblée, espère Benjamin Bayart. Et je considère qu'avec le RGPD elle est interdite et que nous ne l'avons pas encore appliquée. Cela va venir. » Les modalités et les précisions de ce règlement continuent en effet à se mettre en place.

À la Cnil, seules une trentaine de personnes contrôlent tous les sites web et pourtant, de nombreux manquements à la loi persistent. Une étude[2] de 2020 a démontré que, près de deux ans après l'entrée en vigueur du RGPD, les internautes sont encore tracés. Dix applications transmettent les données des utilisateurs à au moins cent trente-cinq structures liées à la publicité ciblée et à l'analyse comportementale. Ces données sont souvent combinées : GPS, adresse IP… Dans le cas de neuf applications sur dix, les informations comprennent aussi l'orientation sexuelle ou les croyances religieuses. Certaines applications de rencontre transmettent même la consommation de drogue ou les opinons politiques.

Des résistances au sein du secteur de la publicité ciblée persistent. Lorsqu'un internaute refuse de donner son consentement, sa valeur publicitaire est instantanément divisée par trois, selon les professionnels du secteur interrogés !

L'arme pour mettre fin à ces comportements : les sanctions. Le RPDG prévoit une amende pouvant aller jusqu'à 4 % du chiffre d'affaires. La Cnil a condamné Google à 100 millions d'euros d'amende en 2020, pour avoir déposé des cookies publicitaires sans consentement. En janvier 2019, une autre amende de 50 millions d'euros avait été délivrée à l'encontre de Google : « La sanction de la Cnil concernait notamment le fait que l'utilisation d'un téléphone Android était conditionnée au fait d'avoir un compte Gmail, indique Régis Chatellier. L'objet de notre sanction a été de démontrer que le niveau de difficulté pour parvenir à utiliser le téléphone sans compte Gmail était beaucoup trop important. » Depuis 2018, plus de vingt-cinq sanctions ont déjà été prononcées par la Cnil pour des manquements de sécurité, de consentement ou de transparence des données.

Afin de réduire ces manquements à la loi, les associations de consommateurs misent beaucoup sur les actions de groupe. UFC Que choisir en a une en cours contre Google, toujours liée à l'obligation d'avoir un compte Google sur son téléphone Android pour avoir accès à toutes ses fonctionnalités. « Toutes les actions de groupe sont extrêmement importantes car un déséquilibre existe dans le rapport de force entre les plateformes et les consommateurs, insiste Laurie Liddell. Un consommateur n'ira pas seul devant la justice contre un professionnel pour la mauvaise utilisation de ses données ou pour obtenir le remboursement de 40 euros, compte tenu des frais d'avocat. Les actions de groupe permettent de faire contrepoids aux multinationales. »

« Tout ce qui est mis sur Internet peut être détourné, rappelle Olivier Gayraud. Il faut vraiment faire attention, notamment les plus jeunes. Les droits d'accès, de rectification, de suppression ne se substitueront jamais au libre arbitre et à la prudence de chacun. »

▸ **Olivier Gayraud** est juriste, chargé de mission consommation au sein de l'association de consommateurs Consommation, Logement, Cadre de vie (CLVC).

Les moyens de prélever des données

Le cookie était un des moyens privilégiés pour prélever des données. Le RGPD l'a affaibli. Google est en train d'en supprimer un grand nombre : avant 2022, les cookies tiers disparaîtront de Google Chrome afin de « rendre le Web plus privé et sécurisé pour les utilisateurs[3] ». Un cookie tiers est un cookie placé par un serveur distinct de celui du site visité. Ce procédé est par exemple utilisé par l'entreprise Criteo pour cibler la publicité.

Google et Facebook ne seront pas concernés par ce changement. Ces multinationales continueront à accéder aux données car, dans la plupart des cas, nous nous loguons – autrement dit, nous indiquons un mot de passe et restons connectés lorsque nous naviguons sur Facebook et Google qui, par ce biais, récupèrent nos données. Dans la majorité des cas, Google et Facebook ne revendent pas ces données, mais des audiences ciblées. Cette décision de supprimer les cookies tiers renforcera encore leur position dominante. « Avec le RGPD, ces multinationales sont très habiles. Elles ne vendent pas leurs données. Elles donnent la possibilité aux annonceurs, à travers eux, de nous toucher », ajoute Dominique Cardon.

Florent, de Criteo, confirme la difficulté pour son entreprise de récolter des informations sans cookies : « Nous devons nous adapter et nous réinventer, très clairement. Une bonne partie de l'information se perdra. Nous utilisons déjà d'autres signaux : sur quels sites web vous êtes, quels articles vous êtes en train de lire, le sujet de l'article… Toutes les informations liées au contextuel n'utilisent pas les données des utilisateurs. On pourra encore y avoir accès. Il faudra pousser les analyses au mieux pour comprendre, sans pour autant avoir besoin de l'information de l'utilisateur. Ensuite, Google réfléchit à des solutions, telles qu'agréger les utilisateurs en termes d'audience : "Tel groupe d'utilisateurs aime bien tel type de produits en général." Nous pourrons matcher ces audiences avec nos propres données. Il est vrai que moins nous aurons de données sur l'utilisateur, moins nous serons précis. Comment définissons-nous un groupe de personnes sans identifier chacune individuellement, tout en gardant un niveau d'information suffisant ? Une bonne partie de l'entreprise travaille sur ces sujets, moi y compris. »

En matière de publicité ciblée, les innovations ne manquent pas. Afin de mesurer la performance d'une publicité grâce à la géolocalisation, certains vérifient même si vous vous êtes rendu dans le magasin dont vous avez vu la publicité en ligne. Le *beacon* permet, lui aussi, de mesurer le trafic. Ce petit boîtier capteur peut se connecter, via Bluetooth, avec des smartphones ou des tablettes à proximité. Installé dans les centres commerciaux, il peut également vous envoyer des messages ou des promotions afin de vous attirer à l'intérieur. « Il y a également tous ces capteurs qui, pour mesurer l'efficacité d'une publicité, calculent le temps resté devant un panneau publicitaire, s'indigne Thomas Bourgenot, de Résistance à l'agression publicitaire. Ce genre d'expérimentation doit être normalement signalé. En 2019, la RATP a fait une expérimentation de traçage de téléphone sur les panneaux publicitaires. C'était indiqué sur le côté, mais il fallait une bonne vue… »

Dans d'autres pays comme au Canada, des caméras scrutent vos réactions. « Elles déterminent votre âge, votre sexe, votre niveau d'humeur, si vous souriez, si vous n'êtes pas content, le temps resté devant un panneau, précise Thomas Bourgenot. Les promoteurs de cette technologie affirment que vous pouvez refuser en le signifiant avec un "non" de la tête. Un jour, dans la rue, on sera peut-être obligé de faire "non" de la tête en permanence ! »

▸ **Thomas Bourgenot** est porte-parole et chargé de plaidoyer au sein de l'association Résistance à l'agression publicitaire.

Un moyen de récolter des données est souvent évoqué dans les discussions entre amis : le téléphone enregistrerait nos conversations. Vous avez peut-être déjà fait l'expérience de parler d'un sujet et de voir quelques minutes après, en naviguant sur Internet, une publicité liée à la conversation. Nous avons posé la question à de nombreux chercheurs et acteurs concernés par ce sujet. Bien sûr, c'est interdit ! Mais certains nous ont précisé que le fait de ne pouvoir en nier l'existence avec certitude est révélateur de l'opacité des pratiques. Après un an d'enquête et plus de quatre-vingts personnes interrogées, il apparaît toutefois que nos téléphones ne peuvent être écoutés à des fins de publicité ciblée. Même les plus avertis et les plus précautionneux sur ces sujets nous l'ont confirmé : « Non, ça n'existe pas, affirme Tristan Nitot. Pourquoi ? Parce que le téléphone doit être très économe en énergie, sinon la batterie ne tiendrait pas. » Benjamin Bayart rejoint ce point de vue : « C'est faux ! Cela n'a pas de sens technique. Ça se verrait à la consommation de la batterie. C'est techniquement invraisemblable. Ensuite, si nous parlons d'un sujet à l'oral, il y a des chances que ce sujet vous intéresse ou m'intéresse. C'est donc typiquement un sujet sur lequel l'un de nous deux est susceptible de réaliser une recherche sur Internet. Et quand je dis "une recherche", ce peut être consulter Wikipédia, rentrer trois mots dans Google, dans un tchat de Facebook ou encore par mail. Si vous vous servez de Gmail, c'est certain, votre boîte est surveillée. Ces données sont ensuite transmises à des régies publicitaires. »

Avec les objets connectés comme les enceintes, c'est très différent. « Dans ce cas, ce que vous dites est analysé en permanence pour vérifier si le mot clé "allumer la lumière" est prononcé, rappelle Benjamin Bayart. Les entreprises affirment n'enregistrer qu'à partir du moment où vous avez dit le mot clé. Absolument pas ! Elles écoutent tout le temps pour essayer de détecter le mot clé en permanence. Par conséquent, elles peuvent s'intéresser à d'autres mots. C'est techniquement très réaliste. »

« Avec la multitude d'objets connectés qui devraient apparaître demain avec la 5G, on pourra vous tracer en temps réel de manière extrêmement précise, ajoute Philippe Guillemant, chercheur. Vous serez partout localisé par triangulation, un objet par-ci, un objet par-là, etc. Imaginez la puissance quand vous pouvez corréler les mouvements de toutes les personnes qui sont ensemble pour savoir ce qu'elles font. C'est très, très puissant. Vous pourrez savoir si quelqu'un est en train de déjeuner, et avec qui… »

▸ Chercheur au CNRS, **Philippe Guillemant** est ingénieur-physicien. « On n'a pas compris la définition de l'humain, regrette-t-il. On n'a pas compris que, contrairement à l'intelligence artificielle, l'humain a une âme. »

Il est en outre indispensable d'être particulièrement prudent avec les applications, certaines utilisant même des moyens frauduleux. Des chercheurs en ont analysé quelque 17 260[4]. Eux non plus n'ont trouvé aucune preuve que nos téléphones écoutent nos conversations. Leur étude n'en est pas moins alarmante. Certaines sociétés peu scrupuleuses réalisent des captures d'écran de l'utilisation de leur application, sans autorisation. Ces captures peuvent contenir, non délibérément, des informations personnelles comme des SMS et être transmises aux nombreux acteurs de la publicité ciblée.

La puissance des Gafam

Plus les entreprises disposent de données, plus il y a de chances que leurs programmes d'intelligence artificielle fonctionnent. « Amazon est une boîte qui fonctionne évidemment avec de l'intelligence artificielle afin de réaliser de la publicité ciblée, rappelle Alma Dufour. Cette multinationale l'utilise aussi en interne pour rationaliser son rapport aux salariés, pour la livraison, pour gérer plus efficacement les entrepôts et les stocks. »

« Ces organisations deviennent nécessairement des monopoles, ajoute Dominique Méda. Cela me fait peur. J'ai un doctorant qui réalise sa thèse sur les coopératives de plateformes, c'est-à-dire les coopératives qui tentent de se dresser contre ces multinationales. Elles n'en ont pas les moyens.

Elles n'ont pas les capitaux nécessaires. Elles n'arrivent pas à obtenir les fichiers et à faire de la publicité. »

Durant notre enquête, un point nous a préoccupés. Nous l'avons dit, l'IA a envahi toutes les couches de la société. Par conséquent, les mêmes entreprises apportent leur expertise dans des domaines aussi divers que la santé, l'industrie, le marketing ou les rencontres amoureuses. Tous ces experts sont des *data scientists*. « La domination est de plus en plus forte. Elle est renforcée avec le numérique et l'intelligence artificielle, confirme Dominique Plihon, économiste. L'IA coûte cher : les programmes à adapter en permanence, la collecte des données… Il n'y a pratiquement que les multinationales qui peuvent se le permettre. »

▸ Professeur émérite à l'université Paris 13, **Dominique Plihon** est économiste et membre du conseil scientifique de l'Association pour la taxation des transactions financières et pour l'action citoyenne (Attac).

Les monopoles ne cessent donc de se renforcer. Cette nécessité d'innombrables données et de moyens techniques onéreux encourage le développement de monopoles déjà présents du fait de notre modèle économique. « Toute technique dans un environnement capitaliste est utilisée à ces fins-là : un système de contrôle pour le profit. Il y a une subordination de fait de la technique à son avantage, souligne Matthieu Montalban. Il ne s'agit pas de gommer le rapport capitaliste derrière le rapport technique. Cela fait partie d'un processus de rationalisation démontré par l'économiste Max Weber depuis très longtemps, et même par Karl Marx par certains aspects. La technique finit par être asservie au capitalisme. Il y a une très, très grande proximité entre le capitalisme et la technique. » Au service du profit, l'IA permet également d'élargir encore la marchandisation : l'attention, la santé, la prise de décision…

Autre raison technique qui favorise ces monopoles : les réseaux sociaux ou les plateformes comme Airbnb ou Deliveroo fonctionnent du seul fait que nous nous y retrouvons tous. Si chacun a son réseau social, difficile de communiquer. Du fait de leur taille, ces plateformes sont vite incontournables. Un indépendant se retrouve obligé de communiquer, de louer son gîte ou de vendre ses plats sur ces plateformes s'il veut garder un modèle économique viable. Même ceux qui critiquent les réseaux sociaux s'y retrouvent pour être « visibles ». « Pourquoi une association veut-elle être visible ? Cela signifie que l'on veut être au centre et que notre imaginaire de la centralité n'a pas été aboli, regrette Dominique Cardon. La raison pour laquelle une association veut obtenir de la visibilité devient une partie du problème. Pourquoi veut-on avoir un peu plus de *followers* ? […] Notre société défait des formes d'identification collective pour donner à chacun un impératif de responsabilité, un sentiment d'autonomie et aussi une sorte d'obligation existentielle de différenciation qui existe depuis les cours d'école jusqu'aux activités professionnelles. Le sociologue Émile Durkheim avait identifié cette dynamique sous le nom de division du travail social. Les plateformes viennent l'encourager. »

Pour remédier à ces monopoles, plusieurs experts interrogés ont proposé la même solution : l'interopérabilité des réseaux. « Techniquement, le mail s'appuie sur des réseaux beaucoup plus ouverts que les réseaux sociaux, détaille Benjamin Bayart. La messagerie interne du système A coopère avec la messagerie interne du système B. Les utilisateurs des deux systèmes peuvent échanger des messages entre eux. Les systèmes ne sont pas nécessairement cohérents entre eux, mais ils respectent la même norme d'échange. Le réseau mail est constitué de dizaines de centaines de milliers d'acteurs qui coopèrent. Vous pouvez, avec votre adresse Outlook.com, écrire à quelqu'un qui a une adresse Gmail.com. Pourquoi ne pourriez-vous pas écrire depuis Snapchat à quelqu'un qui est sur Tik Tok ? Il n'y a pas de raison. Pour les plateformes et les réseaux sociaux, on pourrait exiger le respect d'une même norme. » Au lieu d'avoir un seul réseau social comme Facebook, on pourrait par exemple en avoir plusieurs, mais interopérables, c'est-à-dire capables de communiquer entre eux. Cela réglerait le problème du monopole, inhérent aux plateformes et aux réseaux sociaux.

CINQUIÈME PARTIE

Une société sous surveillance

L'intelligence artificielle n'est pas utilisée qu'à des fins économiques, même si cet objectif est le principal en Occident. Reconnaissance faciale, interconnexion des données, l'IA peut devenir un outil inhumain visant à contrôler la population. Elle peut conduire à des dérives inacceptables lorsqu'elle est déployée par des pouvoirs autoritaires.

La Chine, première dictature numérique du monde

L'IA a envahi le quotidien des Chinois à des degrés très variables selon les régions. Nombreux sont ceux qui doivent s'authentifier par reconnaissance faciale pour payer dans les magasins ou les hôtels, louer une voiture, entrer à la bibliothèque de l'université… En Occident, nous sommes très réticents à de telles pratiques. Aussi nous dit-on régulièrement que les Chinois, moins méfiants, acceptent plus facilement l'avènement de ces techniques. Nous avons donc interrogé une famille chinoise. La réalité est, comme souvent, plus complexe.

La famille Yong vit dans la province de Liaoning. Zhang, le père, est ingénieur en construction. La mère, Lin, est professeure de mathématiques. Ils ont un fils de vingt et un ans, Tao, étudiant, et une fille de huit ans. Cette famille reconnaît les avancées de l'IA, notamment en matière de santé. Elle estime même que la machine peut être plus précise que le jugement subjectif du médecin. Zhang et Lin s'inquiètent, comme tous les parents, du temps passé par leurs enfants devant les écrans. Ils redoutent les attaques et les fraudes dues à la récupération de données par des délinquants. Car les fuites de données ont été nombreuses ces dernières années en Chine. Concernant la surveillance de l'État, leur réponse est plus mitigée : « L'Europe accorde plus d'attention aux droits de l'homme, explique Zhang. Certains citoyens pensent que les technologies ne les protégeront pas. Par conséquent, on peut comprendre que certaines personnes, dans les pays occidentaux, ne soient pas disposées à l'utilisation des caméras. Cependant, je pense qu'il existe des normes et des limites internationales. J'ai un sentiment de confiance. Notre limite est la modification génétique : nous sommes contre. »

« L'inquiétude liée à la surveillance et à l'utilisation des données n'est pas seulement réservée aux pays occidentaux, tient à ajouter Tao. Certains étudiants de ma promotion se sentent aussi concernés. Ils sont très préoccupés par les logiciels utilisés par les autorités pour surveiller les téléphones. Ils font attention à ne pas livrer trop d'informations. Je pense qu'au sein de la société moderne, nous sommes devenus une chaîne de chiffres. À l'université, nous utilisons notre numéro d'étudiant pour représenter notre identité. Cela vaut la peine d'y réfléchir. »

Dans plusieurs villes chinoises, lorsqu'une personne commet une infraction dans l'espace public, son visage s'affiche sur un panneau jusqu'au paiement de l'amende. « En voyage à Tianjin, j'ai vu qu'à une grande intersection le visage d'une personne et son nom étaient affichés, indiquant qu'elle avait traversé au rouge. J'ai d'abord trouvé ça très drôle, reconnaît Tao. Mais ensuite, je me suis dit : "Est-ce vraiment approprié ? Est-il raisonnable d'utiliser notre honte et de divulguer ces informations pour maintenir l'ordre ?" »

▸ Les noms et prénoms des membres de la famille **Yong** ont été modifiés pour préserver leur anonymat. Ce témoignage a été réalisé en Chine par Zhenchao Hu pour « Carnets d'alerte ».

L'image d'un peuple acquis à ces évolutions technologiques n'est donc pas si évidente. Les témoignages sur ce sujet sont d'ailleurs très difficiles à obtenir en Chine. La plupart de ceux qu'inquiète cette surveillance ne s'expriment pas, par crainte de la répression. « Attribuer cette acceptation de la surveillance à la culture chinoise, c'est exactement ce que cherche le gouvernement chinois, s'indigne Dilnur Reyhan, présidente de l'Institut ouïghour d'Europe. La dictature chinoise a toujours expliqué aux Occidentaux que leur culture est différente. En réalité, personne ne veut être dirigé. Tout être humain aspire à vivre librement. Certes, la population chinoise n'est pas connue pour son esprit rebelle, mais elle est dirigée d'une main de fer par un régime dictatorial depuis soixante-dix ans. C'est raciste de réduire la population chinoise à un ensemble de personnes obéissantes. Non, elle n'est pas de nature obéissante. Soixante-dix ans de régime l'ont transformée ! »

▸ **Dilnur Reyhan** est enseignante à l'Institut national des langues et civilisations orientales (Inalco), présidente de l'Institut ouïghour d'Europe et directrice de publication de la revue *Regards sur les Ouïghour-e-s*. En 2004, elle a quitté la région du Xinjiang en raison de la discrimination et des humiliations quotidiennes et s'est installée France.

« Nous projetons sur la Chine nos angoisses du devenir de l'IA dans nos sociétés », ajoute Simon Leplâtre, journaliste. Et cela conduit souvent à modifier la réalité. L'exemple du crédit social, un système de points créé pour inciter les citoyens à mieux se comporter, est très révélateur. Ces points peuvent augmenter ou diminuer.

▸ **Simon Leplâtre** est journaliste, correspondant à Shanghai pour *Le Monde*, *Le Temps*, Radio France et RFI. Il s'est installé en Chine en 2014.

«Auparavant, chaque personne avait un dossier personnel au sein de son unité de travail, le *dang'an*, rappelle Séverine Arsène, sinologue. Les unités de travail ont perdu beaucoup de leur pouvoir coercitif et d'organisation de la vie au quotidien. Depuis quarante ans, avec la modernité, un relâchement de l'intrusion de l'État dans la vie quotidienne s'est tout de même produit. L'État rencontre des difficultés à appliquer les décisions de justice, notamment à cause de la corruption. Comment faire en sorte que chacun se comporte de manière respectueuse de l'ordre public au quotidien? C'est l'objectif du crédit social. Cela ne concerne pas tant la grande criminalité que les questions financières telles que le paiement des impôts, des factures ou le remboursement des créditeurs. Au fil des années, un flux de données se crée, le tribunal local réalise la liste de toutes les personnes condamnées pour excès de vitesse, etc. Ensuite, on demande à un informaticien de réaliser un petit script pour faire un envoi automatique. Ce n'est cependant pas du Big Data ni de l'intelligence artificielle. Cette base de données unique dont les articles de presse parlent très souvent n'existe pas aujourd'hui. Je pense qu'elle n'est pas près d'exister.»

▸ **Séverine Arsène** est politologue et sinologue. Ses recherches portent sur la place du numérique dans le régime politique chinois. Chercheuse associée au Médialab de Sciences Po Paris, elle enseigne à l'Université chinoise de Hong Kong.

Toutes les personnes interrogées nous l'ont confirmé : aucune grande base de données centralisée n'a de critères uniformes au sein du crédit social ! Les moyens sont même très divers selon les régions. « Des bureaux de crédit social ont été ouverts un peu partout dans le pays, souligne Alain Wang, sinologue. Leur gestion n'est absolument pas transparente : qui s'en occupe ? Quels sont les critères analysés ? De quelles façons les points sont-ils retirés ? L'arbitraire est total. »

▸ Sinologue, **Alain Wang** enseigne à l'École centrale de Paris et à l'Institut français de la mode. Il est également expert au sein de l'association Progrès du management.

Même si le crédit social n'est pas le programme d'IA souvent décrit en Occident, tient à préciser Séverine Arsène, il n'en reste pas moins dangereux et dans la lignée du régime totalitaire communiste. Le crédit social a de nombreuses conséquences au quotidien. Les notes et les visages des Chinois sont affichés sur la voie publique. Les moins bien notés peuvent se voir refuser le droit d'acheter des billets d'avion ou d'inscrire leurs enfants dans une école privée.

Contrairement au crédit social, la reconnaissance faciale utilise beaucoup d'IA pour traquer la population. Près de 176 millions de caméras[1] de surveillance ont été installées en Chine, quatre fois plus qu'aux États-Unis[2] ! L'objectif : atteindre les 626 millions dans quelques années[3].

La reconnaissance faciale peut avoir deux finalités. Elle peut servir à s'authentifier (dans ce cas, votre visage est déjà dans la base de données, le procédé technologique est relativement simple). Elle peut aussi avoir pour objectif de reconnaître un visage et d'identifier une personne. Dans cette éventualité, il est nécessaire d'utiliser un grand nombre d'images afin d'exercer l'algorithme. « Quand vous traversez une rue à Shanghai, raconte Alain Wang, la caméra vous repère, donne votre nom et tous les détails dont elle dispose. »

« La reconnaissance faciale peut commettre beaucoup d'erreurs, explique Patrick Greussay, chercheur en IA. Pour identifier une personne, il n'y a pas encore assez de photographies. Le risque est d'identifier la personne qui n'est pas recherchée. Je pense qu'en Chine, à un moment donné, une purge sérieuse sera opérée parmi les scientifiques car ils auront vendu au gouvernement chinois l'idée selon laquelle la reconnaissance de visages fonctionne. Il y a des millions et des millions de possibilités. »

▸ **Patrick Greussay** est professeur en intelligence artificielle et directeur du Laboratoire d'intelligence artificielle de Saint-Denis. Il fait partie des pionniers de l'IA en France. « Vous connaissez l'expression "ouvrir une fenêtre" de son écran d'ordinateur ? C'est moi qui l'ai créée », nous dit-il.

Afin de contrôler Internet, la Chine a créé ses propres infrastructures, loin des Gafam, avec des grandes entreprises chinoises : les BATX (Baidu, Alibaba, Tencent et Xiaomi). Championnes de l'IA et du numérique, ces entreprises travaillent en collaboration étroite avec l'État chinois.

La diffusion de cet Internet, même censuré, et la multiplicité des voyages à l'étranger d'une partie de la population ont fait craindre au gouvernement chinois l'émergence d'une société civile. Les dispositifs de surveillance se sont ainsi multipliés à partir de 2012. « La Chine est arrivée au point où son budget de maintien de la stabilité sociale correspond au même budget que celui de l'armée, souligne Alain Wang. Le budget de l'armée commence à être conséquent en Chine [261 milliards de dollars[4]]. Ce budget de stabilité sociale finance les moyens humains et tous les systèmes technologiques. Pour l'instant, les autorités peuvent le faire tant qu'elles dégagent des profits… »

La technologie sert aussi à persécuter les Ouïghours, ce peuple musulman de la région de Xinjiang. « Vous êtes obligés d'installer un logiciel dans votre téléphone afin que les autorités puissent avoir accès aux images, aux messages », témoigne Dilnur Reyhan. « Au Xinjiang, les autorités ont installé des QR codes devant chaque maison, chaque appartement, afin que la police, en passant un portable, ait simplement accès à toutes les informations sur les personnes qui s'y trouvent », raconte Alain Wang.

Prétextant des risques terroristes, le gouvernement chinois enferme les Ouïghours dans des camps, stérilise les femmes, prélève les ADN. Plusieurs spécialistes et élus à travers le monde ne craignent pas de qualifier cette répression de génocide. « C'est une des régions les plus surveillées au monde aujourd'hui, avec tous ces contrôles renforcés par les machines, s'indigne Dilnur Reyhan. Ces moyens technologiques ne seront pas utilisés uniquement afin d'éradiquer les Ouïghours. Il y aura d'autres victimes. Dans une société dictatoriale, il y aura toujours un ennemi. Nous ne demandons pas de l'aide seulement pour nous, les Ouïghours. Cette évolution concerne l'ensemble de l'humanité. »

L'ex-président américain Donald Trump s'est « servi » de cette persécution et de cette surveillance pour mettre de nombreuses entreprises chinoises sur liste noire, afin que les entreprises américaines ne puissent plus travailler avec certaines d'entre elles. Cette interdiction s'étend même aux entreprises étrangères qui travaillent avec les entreprises américaines. « Tous les moyens sont bons pour ralentir la montée en puissance technologique de la Chine, décrypte Simon Leplâtre. Il existe une compétition technologique liée à la peur d'être dépassé par la Chine à moyen terme. » À cause de cette liste noire, certaines entreprises chinoises rencontrent des difficultés pour se procurer des puces électroniques. « Les États-Unis ont trouvé un secteur dans lequel ils peuvent vraiment étrangler la Chine, poursuit Simon Leplâtre. Et pour l'instant, à court terme, ça a l'air de bien marcher.

Huawei [entreprise chinoise technologique] ne sait pas comment elle pourra produire des téléphones dans un an. »

La surveillance des citoyens

En Occident, bien sûr, la surveillance n'a pas atteint ces niveaux. Les contrôles de données sont très nettement dominés par des multinationales américaines à des fins commerciales, plus que par des États à des fins de contrôle. « Il y a des différences fondamentales entre les données que je donne à Facebook et celles que je donne à l'État, tempère Benjamin Bayart. Premièrement, même si ce n'est pas facile, je peux décider de ne pas être citoyen de Facebook, alors que je ne peux pas ne pas être citoyen en France. La deuxième différence majeure est que Facebook ne peut pas me mettre en prison. L'État, oui ! »

De nombreux défenseurs des libertés, dont l'association La Quadrature du Net, reprochent à l'État d'avoir trop facilement accès à nos données et de ne pas respecter la législation. « Les données de connexion de votre ordinateur et de votre téléphone sont conservées : quand vos appareils sont-ils allumés ? Quand sont-ils éteints ? À qui téléphonez-vous ? détaille Benjamin Bayart. On garde ces données-là afin de pouvoir retrouver ces informations lorsqu'un crime très grave est commis. Dans ce cas, c'est acceptable. En revanche, le fait que l'administration fiscale ou l'administration des affaires sociales puissent demander votre géolocalisation pour vérifier ce que vous faites, je trouve que c'est extraordinairement choquant. »

En octobre 2020, la Cour de justice de l'Union européenne a confirmé que la France ne pouvait plus demander aux fournisseurs d'accès à Internet et de téléphonie de conserver les données de connexion relatives au trafic et à la localisation de l'ensemble de la population, ce que l'État français impose aujourd'hui aux fournisseurs pendant un an. « Nous venons de remporter une jolie victoire devant la Cour de justice de l'Union européenne, se réjouit Benjamin Bayart, de La Quadrature du Net. Pour résumer, la Cour confirme qu'il n'est pas possible dans une société démocratique de pouvoir surveiller la totalité de la population sans motif valable. C'est la troisième fois en six ans ! En toute logique, cela devrait se traduire par des grands changements dans le droit français, mais l'État ne le fait pas ! Il ne cesse de chercher comment contourner la loi. »

Au cours de notre enquête, il n'a pas été facile de déterminer s'il arrive souvent que l'État demande des informations aux fournisseurs d'accès Internet et de téléphonie. « C'est bien le problème, ce n'est pas documenté, regrette Hubert Guillaud, journaliste. Il faudrait que nous ayons accès aux programmes, aux interfaces. Par exemple, le service des impôts a aujourd'hui le droit de surveiller les données diffusées sur les réseaux sociaux.

Comment procède-t-il? On ne sait pas très bien. De nombreux programmes sont encore en phase de tests. »

Ces données et la puissance de calcul des programmes d'IA exigeraient de renforcer les contrôles afin d'éviter toute dérive. « Nous avons inventé la Cnil pour que l'État n'ait pas le droit de croiser les fichiers. Et depuis, on n'arrête pas de faire des exceptions », déplore Benjamin Bayart.

Plusieurs personnes nous ont confirmé qu'un des risques essentiels est bien l'interconnexion des données. « C'est un vrai piège, assure Hubert Guillaud. On interconnecte des décalages et, au fil du temps, cela produit n'importe quoi. Prenons l'exemple des Britanniques. Ils ont décidé de fondre tous les systèmes de subventions sociales en un seul. Au bout du compte, ce système unique a tendance à générer encore plus de difficultés. Le risque, sous l'enjeu d'une meilleure orientation des moyens, est de mettre en place des systèmes de prédiction interconnectés défaillants, qui génèrent des erreurs, du surcontrôle, du non-recours… »

Au-delà des interconnexions, l'association Human Rights Watch dénonce le manque de transparence de cette automatisation des prestations sociales, conduisant parfois même à une plus grande pauvreté, comme l'association l'a constaté au Royaume-Uni[5]. Nommé « crédit universel », le système anglais réunit six prestations en une somme forfaitaire mensuelle pour rationaliser les paiements. Les problèmes sont légion : versements en retard, survalorisation des revenus, difficultés d'accès à Internet pour réaliser la demande en ligne des prestations…

Face à la multiplicité de ces algorithmes dans l'administration, de nombreuses personnes se sentent démunies. « Quels recours ont-elles ? Quels recours ont les étudiants face à Parcoursup ? Vous êtes tout seul, insiste Hubert Guillaud. Tous nos systèmes ont tendance à se numériser. Les problèmes sont multiples : "Quels sont les critères choisis ? Comment sont-ils évalués ?" Autant de procédures qui restent encore bien souvent obscures, cachées, qui ne sont pas discutées avec les autres partenaires sociaux, syndicats, travailleurs… La question de la domination se loge dans les cellules des feuilles Excel, sur lesquelles se définissent les rapports de pouvoir et l'idéologie de demain. »

Ce risque d'interconnexion des données est permanent et essentiel : « On vous demande aujourd'hui d'autoriser vous-même les administrations à échanger, toujours sous prétexte de fluidité et d'efficacité, afin d'éviter de retaper les données, analyse Hubert Guillaud. Mais vous ne savez pas ce qui est exactement échangé entre les administrations. Nous avons besoin de construire des silos indépendants les uns des autres. »

▸ **Hubert Guillaud** est rédacteur en chef du site Internetactu.net et responsable de la veille à la Fondation internet nouvelle génération (Fing). Il analyse depuis vingt ans l'impact du numérique sur la société.

La surveillance ne se limite pas à l'ordinateur et au téléphone. Certains prônent la construction d'une ville intelligente truffée de capteurs et de caméras. Au-delà du coût écologique, sur lequel nous reviendrons[6], ce concept de « *smart city* » agrandit la possibilité de surveillance. « Cet ensemble de technologies avec un tas de capteurs dans la ville pour gérer, administrer, réprimer, crée un espace public soumis à des formes de contrôle sécuritaire très informatisé, invisible et difficile à contester, précise Félix Tréguer, de La Quadrature du Net. Nous essayons de les documenter dans une campagne participative baptisée Technopolis. fr. La mise en place de cette technologie est un enjeu central qui, soyons honnêtes, ne marche pas encore très bien pour l'instant. Cependant, à force d'investir des millions d'euros de recherche et de les expérimenter, ces technologies peuvent finir par fonctionner. »

▸ **Félix Tréguer** est sociologue, chercheur au Centre de recherches internationales de Sciences Po et chercheur associé au centre Internet et société du CNRS. Il est également membre fondateur de l'association La Quadrature du Net.

Concernant la reconnaissance faciale, la ville de San Francisco ou encore Boston l'ont par exemple bannie. En Europe, des expérimentations existent. De nombreux acteurs de la société civile souhaiteraient un moratoire. « Dans le cadre du

RGPD, c'est une donnée sensible qui, par défaut, n'est pas traitable, sauf en cas de consentement explicite de la personne, pour l'authentification par exemple, rappelle Régis Chatellier, de la Cnil. La reconnaissance faciale dans l'espace public pour des finalités de police et de justice est interdite. Depuis quelque temps, le débat revient régulièrement. Il y a eu une expérimentation sous le cadre du RGPD. Une technique a été testée avec des volontaires. Politiquement, l'objectif était bien de promouvoir cet usage. [...] Dès septembre 2018, la Cnil a appelé à la tenue d'un débat public. Nous sommes des régulateurs, non des législateurs. [...] Des risques existent. C'est très faillible, notamment sur certaines populations comme les personnes noires, les femmes, mais aussi les personnes âgées, les enfants. Il y a énormément d'erreurs possibles.» Aujourd'hui, les expérimentations sont possibles dans le cadre du RGPD, à condition d'avoir le consentement explicite de la personne. Dans les domaines liés à la sécurité publique, comme la police ou la justice, il n'est pas possible d'expérimenter.

Des associations comme La Quadrature du Net attaquent régulièrement l'État pour des expérimentations de plus en plus nombreuses, comme récemment dans des lycées à Marseille et à Nice. «C'est une grande victoire, se réjouit Félix Tréguer. Nous avons réussi à obtenir l'interdiction de l'usage de la reconnaissance faciale pour authentifier les lycéens avant d'entrer dans les établissements scolaires.»

La Quadrature du Net a remporté une autre décisive victoire : le Conseil d'État a interdit à la préfecture de police de Paris de surveiller la population avec des drones, à deux reprises. En matière de droit des données personnelles, un dispositif de surveillance ne peut pas être autorisé si son utilité n'est pas clairement démontrée, il doit même être « absolument nécessaire ». La Cnil a également sanctionné le ministère de l'Intérieur pour avoir utilisé de manière illicite des drones équipés de caméras, notamment pour surveiller le respect des mesures de confinement.

Sous prétexte de lutter contre le terrorisme, des dispositifs technologiques sécuritaires, dont l'efficacité n'est pas toujours prouvée, se multiplient. Nous nous retrouvons dans des espaces publics et privés chaque jour plus surveillés.

La surveillance des salariés

« Nous parlons beaucoup des grands acteurs économiques, observe Régis Chatellier, de la Cnil. Cependant, les plaintes et les demandes reçues à la Cnil portent principalement sur la protection des données dans le secteur des ressources humaines ainsi que sur l'utilisation des caméras, notamment dans le cadre de l'entreprise. Le fait d'être surveillé par son employeur dérange. »

Sous prétexte d'accroître l'efficacité, parfois présentée comme un moyen d'améliorer le quotidien des salariés, la surveillance des employés s'élargit. Pendant la crise de la Covid-19, du fait de l'extension du télétravail, les ventes de logiciels de surveillance ont bondi. La Cnil interdit certaines pratiques. Impossible, par exemple, de constamment surveiller les salariés à distance avec des outils qui tracent tout ce que l'employé tape sur son clavier.

Dans certains pays, comme en Suède, des entreprises testent même des puces sous-cutanées. « Le puçage des salariés n'est pour l'instant qu'une expérimentation dans les pays scandinaves, très industrialisés. Une puce RFID est glissée sous la peau. Plus besoin de votre badge, on garantit une forme de fluidité dans la circulation des individus, explique Olivier Tesquet, journaliste. Mais lorsqu'on commence à banaliser des pratiques dans des populations qui ont moins à craindre que d'autres catégories de travailleurs, on risque évidemment d'affaiblir le droit du travail pour tout le monde[7]. »

▸ **Olivier Tesquet** est journaliste spécialisé dans les questions numériques à *Télérama*. Il a publié plusieurs ouvrages sur ces sujets.

Habib Latrèche travaille, lui, dans un entrepôt logistique d'Amazon à Douai. Il n'avait jamais été employé dans une entreprise autant surveillée et automatisée : « Amazon anticipe au maximum les risques de toutes sortes, comme ceux de rupture. Des algorithmes décident si l'on doit travailler le week-end en fonction du nombre de commandes attendues. Tout ce que l'on fait est pris en compte.

Nous n'avons pas le droit à l'erreur. Les instructeurs ont été remplacés par un signal sur un écran qui nous indique qu'une erreur a été commise. Lorsque je travaillais chez Renault, on nous surveillait. Mais c'était une surveillance humaine, ce n'est pas pareil. Je ne suis pas hostile à ces technologies. Ce qui me pose problème, c'est de faire une confiance totale, presque aveugle à ces logiciels. »

▸ **Habib Latrèche** est représentant syndical de la Confédération française démocratique du travail (CFDT) sur le site Amazon de Douai. Salarié, il reconnaît que l'entreprise Amazon lui a permis d'obtenir un contrat à durée indéterminée. Cependant, il n'estime pas travailler dans cette entreprise par choix, mais par nécessité.

Des dispositifs de surveillance plus poussés, interdits en France, ont été mis en place par Amazon aux États-Unis. Des caméras intelligentes sonnent lorsque des salariés ne respectent pas la distance de deux mètres exigée dans le cadre de la prévention de la Covid-19.

Le risque de la paranoïa généralisée

« La surveillance généralisée de la population a un coût, déplore Benjamin Bayart. Je ne parle même pas du coût financier, mais du coût humain. Elle rend le monde paranoïaque. Le bénéfice est-il supérieur au coût ? Depuis les révélations d'Edward Snowden*, on s'est rendu compte que la paranoïa peut être justifiée. La surveillance traumatise des gens, elle les rend fous. Elle génère de la paranoïa, et pas au sens commun du terme : de la paranoïa psychiatrique. Une société dans laquelle l'État surveille sa population crée une société de gens fous. C'est épouvantablement dangereux car une société de gens fous peut conduire à toutes les barbaries. »

Lors de nos différentes interviews, on nous a souvent confirmé que la paranoïa est une conséquence de ce système. L'informatique, outil très largement utilisé mais très mal maîtrisé par la population, incite les internautes à toutes les hypothèses. Les pratiques non vertueuses des grands acteurs aggravent le phénomène.

Le virtuel accentue également la paranoïa : « Il y a mille fois plus de possibilités d'avoir une mise en scène devant nos yeux, explique Fabrice Epelboin, entrepreneur français, spécialiste des médias sociaux et du web. On ne sait jamais si c'est la réalité ou si c'est fabriqué… "*Only the paranoid will survive*", seuls les paranoïaques survivront : c'est la devise du patron d'Intel. On ne peut survivre qu'en étant paranoïaque dans cet environnement. »

▸ **Fabrice Epelboin**, entrepreneur français, spécialiste des médias sociaux et du web social, a été à l'origine de plusieurs start-up dans la sécurité informatique. Enseignant, il a également été journaliste et éditeur d'un blog spécialisé sur ces sujets.

Au-delà des spécificités liées à l'informatique, certains spécialistes analysent que la paranoïa permet de donner un sens au monde pour nombre de citoyens qui se sentent impuissants face à l'avenir. « La paranoïa permet de donner du sens. Elle permet d'arrêter de nous fatiguer à toujours chercher un sens, analyse Marie-Jean Sauret, psychanalyste. La dépression est une pathologie majeure dans le monde de la paranoïa. [...] Afin de limiter la paranoïa, il faut une démocratie qui permette un contrôle citoyen et un débat permanent. Il faut repenser une politique qui n'abandonne pas la politique. »

▸ **Marie-Jean Sauret** est psychanalyste, professeur émérite des universités, chercheur au pôle clinique psychanalytique à l'université Jean-Jaurès, à Toulouse. Il s'est notamment intéressé à tout ce qui fait lien dans une société marquée par le scientisme et le néolibéralisme.

SIXIÈME PARTIE

Les démocraties fragilisées

Guillaume Chaslot a contribué au fonctionnement de l'algorithme de YouTube. Il a travaillé chez Google (entreprise qui gère YouTube) de 2010 à 2013. Au sein de l'entreprise, il a dénoncé le fait que l'algorithme de YouTube nous enferme dans des bulles de filtres. Il a même proposé des alternatives telles que des algorithmes qui permettaient de découvrir d'autres points de vue.

La polarisation des débats

Ses modifications n'ont pas été prises en compte. « En théorie, chez Google, nous avons la possibilité de passer 20 % de notre temps à travailler sur des projets que nous souhaitons développer au sein de l'entreprise, témoigne Guillaume Chaslot. J'ai donc utilisé ce temps pour explorer des algorithmes qui n'enfermaient pas au sein des bulles de filtres. Mon manager m'a conseillé d'arrêter. Je l'ai fait pendant six mois, mais j'avais besoin de retrouver du sens et de montrer qu'il était possible de créer ces algorithmes. Quand j'ai repris, je me suis fait virer. »

▸ **Guillaume Chaslot** a fait ses études dans une école d'ingénieur en France, puis il a réalisé une thèse sur l'intelligence artificielle en Hollande. Après avoir travaillé chez Google, ce lanceur d'alerte a créé une association, Algo Transparency.

Guillaume Chaslot a commencé à dénoncer publiquement les effets de l'algorithme de YouTube en 2016. Il a démontré que lors des élections américaines de 2016, 80 % des vidéos politiques recommandées par YouTube étaient favorables à Donald Trump. Pourquoi un tel biais ? Les vidéos diffusant des fausses informations « choc » réalisaient de très bonnes audiences et, par conséquent, généraient plus de publicités.

Depuis ces révélations, ce lanceur d'alerte a créé une association, Algo Transparency. Avec son équipe, il scrute les algorithmes de YouTube, Facebook, Twitter et Google. « YouTube a changé son algorithme, concède Guillaume Chaslot. La visibilité des théories du complot a été réduite de 70 %. Désormais, ce sont les chaînes classiques comme Fox News qui obtiennent le plus de vues. Pour cela, ces chaînes polarisent. Elles choisissent des titres agressifs pour être recommandées par YouTube. Les chaînes qui s'efforcent, via leurs informations, de créer l'unité ne sont pas recommandées par YouTube. »

Dans ses paramètres, l'algorithme de Google utilise déjà un système de métrique : les sites nommés par des sites déjà référencés et qui font autorité sont mieux classés. En 2019, YouTube s'est inspirée de ce paramètre pour faire évoluer son algorithme. « YouTube a entendu la critique car ce n'était pas tenable au niveau de son modèle économique, puisque les marques ne voulaient plus être associées à des contenus litigieux, poursuit le chercheur Bilel Benbouzid. [...] Les chaînes des médias traditionnels sont désormais largement recommandées[1]. Mais attention, le fait que YouTube ait ce système qui consiste à produire une modération et à faire ce travail de police sur son réseau a pour conséquence que les Youtubeurs alternatifs sont mis à l'écart et sont impactés, ce qui rompt avec l'esprit originel de YouTube. YouTube reconnaît que ses algorithmes censurent très mal et beaucoup trop de bons contenus. »

▸ **Bilel Benbouzid** est sociologue, maître de conférences à l'université Gustave-Eiffel et responsable des recherches sur les sciences sociales computationnelles au laboratoire interdisciplinaire sciences, innovations et sociétés (Lisis).

L'exemple de YouTube est révélateur. Les algorithmes créés afin de mettre en avant la publicité favorisent les *fake news* qui se répandent plus rapidement, nous maintiennent dans nos bulles de filtres et surfent sur les contenus colériques et clivants, beaucoup plus partagés. Il n'est pas toujours simple de distinguer ce qui provient de la construction de l'algorithme de ce qui vient de nos comportements et de nos préférences. Les algorithmes accentuent et amplifient des comportements déjà présents.

Les *fake news* ont environ deux fois plus de chances d'être relayées sur Twitter et le sont six fois plus rapidement[2]. Les posts exprimant la colère dominent souvent les réseaux sociaux. Une étude chinoise[3] montre que ceux qui relaient la colère se propagent plus rapidement sur un réseau social semblable à celui de Twitter. « Aujourd'hui, je soupçonne Twitter et Facebook d'utiliser dans leur algorithme des qualifications de sentiments, constate Hubert Guillaud. Dès que vous exprimez de la colère, vous avez tendance à voir vos posts ou vos tweets remonter de façon très forte. Je pense qu'une analyse sémantique est réalisée, en plus de celle des émoticônes. C'est improuvable et invisible. Pourtant, cela génère du conflit et de l'opposition. L'un de mes tweets les plus repris était un tweet de colère, plutôt injustifiée par ailleurs. Il est monté bien au-delà de mon réseau. Cela peut créer un problème de société : une tendance à exagérer les positions des uns et des autres, à hystériser et stigmatiser le débat. »

Autre reproche régulièrement formulé à l'endroit des réseaux : l'enfermement. « L'homophilie sur ces plateformes sociales est très forte, souligne Fabien Tarissan, chercheur en informatique.

Elle est de 80 %[4] sur Twitter, à peu autant sur Facebook[5]. Cela signifie que 80 % de nos contacts ont la même manière de penser et les mêmes goûts que nous. Cependant, nous retrouvons ces résultats dans la "vie hors ligne". Les réseaux sociaux accentuent un peu l'homophilie et surtout, ils masquent le biais éditorial. Lorsque j'achète un journal, je connais son positionnement éditorial. Dans le cas des réseaux, on ne sait pas. »

▸ **Fabien Tarissan** est chercheur en informatique, spécialiste des réseaux au CNRS, attaché à l'École normale supérieure Paris Saclay et membre du laboratoire de l'Institut des sciences sociales du politique (ISP).

Plusieurs chercheurs interrogés ont mis en avant une solution : l'utilisateur pourrait choisir lui-même le contenu souhaité, c'est-à-dire que chacun pourrait paramétrer les algorithmes à sa façon en préférant des contenus proches de ses convictions ou non, clivants ou non… Les choix seraient conscients et rendraient les algorithmes plus transparents, sans avoir pour seul objectif de favoriser la publicité ciblée.

« Le problème est que cet espace public commercial est aussi utilisé comme espace public au sens citoyen du terme, comme une plateforme médiatique par des mouvements qui, justement, sont protestataires », constate Laurence Allard, chercheuse en sciences de la communication. Cette chercheuse rappelle que les médias sociaux peuvent aussi favoriser les échanges et les actions citoyennes : « Par exemple, lors du mouvement des Gilets jaunes, Facebook a fait office d'organisation (événements, rendez-vous), d'organe de presse, d'espace de diffusion... Cela semble gratuit, mais on connaît le modèle d'affaires. Personne n'a besoin de payer un local, une ligne téléphonique, un secrétaire. Avec les réseaux sociaux, nous avons accès à peu près à toutes les fonctionnalités d'un secrétariat, d'une organisation comme il en existait autrefois. Les Gilets jaunes se sont retrouvés aux ronds-points connectés grâce aux téléphones portables. »

▸ **Laurence Allard** est maîtresse de conférences en sciences de la communication et chercheuse à l'université Sorbonne nouvelle. Elle enseigne également à l'université de Lille.

Fabrice Epelboin confirme le rôle de Facebook au sein du mouvement des Gilets jaunes et va même un peu plus loin : « Ce mouvement a été facilité par un changement dans les paramètres de l'algorithme de Facebook. Quelque temps avant l'affaire Cambridge Analytica, Mark Zuckerberg [PDG de Facebook] se fantasme en président des États-Unis. Il entreprend un *road trip* dans le pays profond pour sentir la population. Au bout de trois ou quatre semaines, il décide de renouer du lien social dans les territoires et de changer l'algorithme pour favoriser ces liens. Sur le papier, ce changement semble parfait : favoriser le lien local et la décentralisation. Il a donc modifié l'algorithme de Facebook afin de donner une priorité aux groupes dans lesquels chacun se trouve, au détriment des pages. Les pages sont dans une logique hiérarchique verticale, comme les médias. Les groupes s'inscrivent dans une logique horizontale, "façon société civile". Il a également donné la priorité aux contenus publiés par des personnes proches géographiquement par rapport à celles qui, avant, étaient proches d'un point de vue conversationnel. Par conséquent, si une personne discute tous les jours avec sa sœur qui habite à l'autre bout du monde, elle disparaîtra du fil d'actualité, alors que son voisin avec qui elle n'a jamais échangé, mais qui est son "ami", apparaîtra davantage sur son fil d'actualité. À mon sens, une large partie des mouvements sociaux apparus de façon concomitante aux Gilets jaunes à travers le monde sont aussi liés à ce changement d'algorithme de Facebook. En France, cette modification a fait émerger des groupes constitués, à l'origine, pour protester contre les radars routiers. Ces groupes ont débordé à l'occasion de la taxe sur le carburant, phénomène cumulé au fait que les groupes étaient désormais donnés en priorité dans les flux Facebook. »

Fabrice Epelboin connaît bien les liens possibles entre les mouvements en ligne et ceux de la vie réelle. Il a suivi de très près la révolution tunisienne en 2011, lorsqu'il gérait la version française du blog Readwriteweb : « Une correspondante du blog au Maroc me remonte un article qui portait sur des groupes de pages Facebook en Tunisie listant des filles jugées impures aux yeux de l'islam et appelant les fans de la page à dénoncer ces profils comme étant des *fakes*. Cela provoquait de la part de Facebook une demande de validation d'identité. Et comme, évidemment, les filles ne se présentaient pas sous leur vrai nom, le compte était détruit. » Publié sur son blog, l'article connaît un fort écho et les commentaires affluent. L'un d'entre eux détonne : il soutient cette censure. « Nous avons découvert que cette personne dirigeait une boîte à San Francisco et habitait à Oakland, poursuit Fabrice Epelboin. C'était un bon vivant qui se faisait passer pour un islamiste sur les réseaux. Via les comptes de sa boîte, nous avons remarqué qu'un de ses seuls clients était le ministre de l'Intérieur de Tunisie. Cela a fait l'effet d'une bombe en Tunisie. Le lendemain de ces révélations, nous avons subi une cyberattaque sur les serveurs du site. » Le président tunisien de l'époque, Zine el-Abidine Ben Ali, avait donc essayé de manipuler Facebook afin de restreindre l'opposition et la liberté.

Cet événement, ainsi que d'autres tels que l'immolation du jeune vendeur ambulant Mohamed Bouazizi, ont conduit à la révolution tunisienne. Même si les avis divergent, plusieurs études ont montré le rôle joué par les réseaux sociaux dans cette révolution[6]. « Les médias refusent d'admettre qu'ils ont perdu ce rôle d'influenceurs au profit des réseaux sociaux, affirme Fabrice Epelboin. Les réseaux sociaux peuvent être instrumentalisés aussi bien pour faire gagner Donald Trump que pour dégager un dictateur. »

Polarisation, addiction, contenus haineux… De plus en plus de personnes s'éloignent des réseaux, souvent même parmi les plus concernées. Ainsi Luc Julia, cocréateur de Siri : « Chez moi, il y a des tablettes que j'appelle "publiques", installées au mur, qui permettent de contrôler les objets connectés ; mais il n'y a aucune tablette individuelle sur laquelle surfer sur YouTube ou sur Facebook. Mes enfants, adolescents de seize et dix-huit ans, n'ont pas de compte Facebook ni Instagram. »

« La probabilité de découvrir un contenu intéressant avec les algorithmes de recommandation est très faible, ajoute Guillaume Chaslot. La plus grande probabilité est que cet algorithme vous fera perdre votre temps. Il a été designé et conçu pour cela. Tout le monde devrait percevoir ces algorithmes un peu comme une cigarette, quelque chose de toxique. Si on en arrive là, le *business model* changera car les internautes n'utiliseront plus un algorithme qu'ils reconnaissent comme toxique pour eux. »

Nous l'avons déjà indiqué concernant d'autres aspects de l'IA, il y a des liens évidents entre le fonctionnement des marchés financiers et celui des réseaux sociaux. Comme sur les marchés, les interactions deviennent très liquides, c'est-à-dire que chacun peut interagir à tout moment. Autre similitude : individuellement, chacun sait que le contenu et le fonctionnement ne sont ni pertinents ni justes et pourtant, collectivement tout le monde continue d'agir de la même façon. Les marchés financiers s'occupent bien plus d'anticiper les comportements des autres investisseurs que des fondamentaux et des perspectives sur le long terme. « C'est pour cette raison que le lien avec la finance est incroyablement réel, décrypte David Bourghelle, économiste. Lorsque vous scrutez les réseaux sociaux pour obtenir une idée précise des envies avec une segmentation par âge, par catégories sociales, vous devenez capable de réaliser une espèce de cartographie en temps réel, apprenante de tous les désirs collectifs. Cela vous permet non seulement de répondre aux attentes et aux désirs collectifs, mais en plus de les anticiper, de les orienter, de les manipuler. Cela devient une boucle autoréférentielle. [...] Ces outils sont performatifs, c'est-à-dire que même s'ils sont imparfaits, ils sont capables d'agir sur la réalité avec, entre autres, le risque d'homogénéiser considérablement les attentes et les désirs. Contrairement à ce que l'on pourrait croire, les "clashs" permanents sur les réseaux sociaux ne reflètent pas de la diversité, il y en a très peu sur les réseaux sociaux. »

Les fausses informations

Au cours de notre enquête, nous avons pu constater que les grands acteurs de l'Internet recherchent du flux et des interactions à seule fin de proposer de la publicité. Puisque les *fake news* génèrent plus d'interactions, les Gafam n'ont aucune raison de les restreindre, sauf s'ils y sont obligés par les marques qui ne souhaitent plus être associées à des contenus tendancieux ou par les autorités. « En 2018, dans le cadre d'un service de la Commission européenne, un rapport sur la désinformation a été réalisé[7], se rappelle Jean-Gabriel Ganascia. Il préconisait que la Commission finance des projets de logiciels de détection automatique de *fake news*, appelés *fact checkers*. Non pas des *fact checkers* à la main, mais des vérifications réalisées de façon automatique. C'est déjà difficile pour les journalistes, alors de façon automatique, je ne vois pas comment l'imaginer… Ces logiciels automatiques posent des problèmes : des nouvelles intéressantes peuvent être censurées. […] Et ce rapport faisait l'impasse sur la principale cause des *fake news* : la stratégie des grands acteurs de l'Internet et leur modèle économique qui repose sur ce qu'on appelle le *clickbait*, c'est-à-dire la rémunération au nombre de clics. »

Fabriquer des fausses informations n'a pas toujours un objectif idéologique, la raison première peut être économique. C'est même devenu la spécialité d'une ville de Macédoine, Vélès. « Cela a commencé avec les élections américaines en 2016, se souvient Jean-Gabriel Ganascia. Les habitants de cette petite ville se faisaient des milliers d'euros. Les *fake news* étaient rédigées en très mauvais anglais. Cependant, avec un peu d'intelligence, elles pouvaient cibler les bonnes personnes. »

Facebook a constitué une équipe de trente-cinq mille personnes[8] à travers le monde dédiée à la vérification des publications. Une partie de ces employés s'occupe directement de vérifier à la main, d'autres gèrent les algorithmes qui détectent plus ou moins efficacement les contenus problématiques. « Aujourd'hui, même des robots fabriquent des *fake news*, souligne Jean-Gabriel Ganascia. Le discours des acteurs de l'Internet est ambigu sur les *fake news*. Ils nous disent qu'ils veulent lutter contre. En réalité, ils ont besoin d'un grand flux d'informations : plus il y a d'informations, plus cela rapporte car les utilisateurs iront davantage regarder les publicités. Plus une nouvelle est invraisemblable, plus il y aura de clics. Raison pour laquelle les *fake news* sont plutôt encouragées par les grands acteurs. »

Aujourd'hui, de nombreux acteurs publics réfléchissent à la façon de réguler ce flux d'information. « Au sein du Comité national pilote d'éthique du numérique, on travaille sur la manipulation de l'information et les outils mis en place pour lutter contre, explique Célia Zolynski. Nous nous posons la question : qui doit réguler ? En 2019, un rapport sur les réseaux sociaux remis au secrétaire d'État en charge du numérique préconisait justement une régulation avec des représentants de la société civile, des journalistes, des politiques, des opérateurs, des consommateurs[9]. »

L'Union européenne souhaiterait un accord européen en 2022 sur deux textes : l'acte pour les services numériques et l'acte sur les marchés numériques. Objectif de ces nouvelles règles : tenter de reprendre la main sur les géants du numérique. Concernant les contenus litigieux, l'amende pourrait passer à 6 % du chiffre d'affaires[10], avec interdiction d'opérer sur le marché européen en cas de manquement grave et répété, mettant en danger la sécurité des citoyens.

Les Gafam au-dessus des États ?

Ces deux règlements européens ont également pour finalité d'encourager la concurrence. Accusés d'empêcher l'émergence de compétiteurs, les Gafam devront par exemple informer la Commission de projets d'acquisition d'entreprises en Europe. Le manquement à ces obligations sera sanctionné par des amendes pouvant aller jusqu'à 10 % du chiffre d'affaires. Cette régulation se réalisera en temps réel et non plus *a posteriori*.

L'Europe, qui n'a jamais réussi à insuffler la création d'entreprises du Net sur son territoire, se retrouve coincée entre deux modèles du numérique : l'américain, dominé par les Gafam, et le chinois, très lié au pouvoir autoritaire. Cette situation l'empêche de pouvoir conduire une politique numérique totalement indépendante.

Aujourd'hui, la position dominante des Gafam pose problème jusqu'aux États-Unis. Les appels aux démantèlements se multiplient. En octobre 2020, un rapport du Congrès préconise de démanteler. Quarante-huit États américains et l'autorité de la concurrence américaine poursuivent

Facebook en justice pour position dominante en demandant d'envisager une séparation avec ses filiales Instagram et WhatsApp. Google est accusé d'abus de position dominante dans la recherche et la publicité en ligne. Une plainte a été déposée par douze États américains et le ministère de la Justice. Même la Californie, berceau des Gafam, a rejoint le mouvement. Face à un lobbying qui sera sans aucun doute très puissant, il est encore difficile de savoir quelles mesures seront décidées et quelles sanctions seront infligées.

« Aujourd'hui, il faut démanteler ces monopoles, martèle Dominique Plihon. Cela a été fait dans les années 1970 dans la téléphonie. ATT (American Telephone & Telegraph), la plus grosse compagnie de téléphone américaine, a été démantelée. Aux États-Unis, des lois antitrust très puissantes existent. L'argumentaire est le suivant : les entreprises dont la taille est trop importante tuent la concurrence. Les défenseurs du capitalisme insistent sur la nécessité de la concurrence. Cet argument peut être compris par les personnes de gauche comme de droite. [...] Les États néolibéraux comme celui du président français, Emmanuel Macron, sont totalement au service de cet ordre dominant et passent leur temps à arbitrer. Ils ont une position très ambiguë par rapport à ces grands groupes. Concernant l'évasion fiscale, par exemple, sous la pression de l'opinion publique, ils ont créé une taxe Gafa. Or, nous l'avions étudiée à Attac et nous avons montré qu'elle était ridicule. »

« On entend souvent que les États sont désarmés. Ce n'est pas vrai, insiste Félix Tréguer, de La Quadrature du Net. Les États ne sont pas désarmés, ils laissent faire. Ils interviennent pour réguler des marchés. Ils façonnent les marchés. L'État fait rentrer le loup dans la bergerie et s'allie à ces acteurs, parce que ces entreprises ont des technologies extrêmement puissantes dont l'attrait est irrésistible pour de nombreux services de l'État. Nous avons Microsoft dans l'Éducation, ou pour gérer les systèmes d'information du ministère des Armées… […] L'État aurait pu promouvoir des grands groupes français. L'idéal pourrait être d'atteindre la souveraineté numérique. Cependant, si un Google français menait la même politique que Google, je ne serais pas plus satisfait. L'État pourrait, par exemple, décider de subventionner davantage les associations de formation numérique, au lieu d'aider Google à déployer ses ateliers de formation. »

La relation des États avec ces entreprises est en effet très ambiguë. Les Gafam sont si puissants que ces multinationales s'octroient de plus en plus de pouvoirs étatiques : organiser le débat public et même acquérir leur propre monnaie. Environ deux mille cryptomonnaies* ont été créées à travers le monde. « Cela peut causer un système de concurrence des monnaies, alerte Dominique Plihon. D'après les statistiques dont je dispose, Alipay, la monnaie d'Alibaba en Chine, représente 16 % du PIB chinois. C'est énorme. » La monnaie de Facebook, Libra, rebaptisée Diem, est en attente d'autorisation, notamment par les pouvoirs européens qui réclament plus de garanties. Ces monnaies seront adossées aux devises. L'un des objectifs de groupes tels que Facebook et Alibaba est que les consommateurs soient toujours plus captifs au sein de leur application. Le risque est que de nouvelles zones monétaires entrent en concurrence avec les monnaies traditionnelles et qu'elles nuisent à une politique monétaire souveraine menée par une banque centrale. Ces cryptomonnaies risquent également d'être plus opaques et de favoriser l'évasion fiscale et le blanchiment d'argent. « Il y a plusieurs types de cryptomonnaies, détaille Dominique Plihon. Le bitcoin* n'est pas dangereux car cela reste marginal. Il est victime de sa dimension spéculative. Avec la Libra, Facebook veut faire une vraie monnaie stable. Alibaba ou Facebook savent que les gens n'utiliseront pas ces monnaies si elles ne sont pas stables. La garantie sera privée et non publique. »

SEPTIÈME PARTIE

Les limites inhérentes à l'IA

Nous l'avons montré, tout algorithme n'est pas de l'IA. Cependant, afin de créer un programme d'intelligence artificielle, nous avons besoin de données, de mathématiques, d'algorithmes, ainsi que d'informatique.

La standardisation de l'humain

Formaliser implique forcément de simplifier un peu la réalité. Traduire les langages accentue cette simplification. Afin de fabriquer un programme d'IA, dans de nombreux cas, nous passons des mots aux nombres, nécessaires à la mise en données et en algorithmes, puis au codage informatique. Chaque étape schématise et fige la réalité. Les mots sont plus subtils que les nombres.

Par ailleurs, les mathématiques et l'informatique sont des langages écrits. Lorsque nous discutons, une grande partie de notre compréhension ne provient pas des mots, mais du dialogue des corps et des sens tels que les expressions du visage.

« Les mathématiques sont fantastiques et magnifiques. Mais comme tous les langages, elles ont leurs limites », confirme Jean-Marc Gambaudo, mathématicien. Philippe Guillemant est plus inquiet : « Les équations simplifient considérablement et aboutissent à une vision du monde complètement erronée, contre laquelle il faut s'insurger car elle nous empêche de comprendre la nature humaine. »

▸ Directeur de recherche au CNRS et mathématicien, **Jean-Marc Gambaudo** a dirigé l'institut 3IA Côte d'Azur et l'université de Nice Côte d'Azur.

Utiliser ces programmes nécessite d'en connaître les limites et d'en user avec précaution. « Je suis un fan de technique, mais il faut s'en servir intelligemment, en comprenant les limites des modèles mathématiques, ajoute Serge Abiteboul, membre du collège de l'Autorité de régulation des communications électroniques et des Postes (Arcep). Un modèle mathématique fonctionne sous certaines conditions. Lorsqu'il est utilisé, il est nécessaire de se poser la question : que se passe-t-il lorsque les conditions initiales ne sont pas respectées ? »

« Au sujet de la mathématisation et de l'algorithmisation, il y a souvent dans le discours médiatique un problème d'identification des responsabilités, ajoute Philippe Besse. Ce n'est pas la mathématisation qui est responsable, mais bien des humains qui conçoivent, développent, déploient, vendent des algorithmes, que ce soit dans les domaines de la finance ou de la reconnaissance faciale… »

▸ **Serge Abiteboul** est membre du collège de l'Arcep. Informaticien, il est également chercheur à l'Inria et à l'ENS.

Autre limite de l'IA : les algorithmes d'apprentissage les plus employés reposent sur des moyennes. « Dans certains cas, il n'est pas utile d'amasser des masses de données considérables, souligne Philippe Besse. Elles n'améliorent pas la précision d'une prévision. Prenons l'exemple du jeu à pile ou face. Vous pouvez tirer plusieurs millions de fois pile ou face à la suite, ce n'est pas pour autant que vous serez capable de mieux prédire le tirage suivant. Vous aurez toujours une chance sur deux, soit une probabilité de 0,5 avec autant de zéros que vous voulez derrière. Avec des millions de dollars, des données considérables, nous estimons de mieux en mieux une moyenne. Cependant, nous n'estimons pas le cas particulier qui se produira. Une part irréductible d'aléa existe. Ces aléas font partie de la vie. Et c'est un statisticien qui vous le dit ! »

Jean-Marc Gambaudo donne un autre exemple : « Deux feuilles d'arbres voisins sur une berge ont un passé et un futur complètement différents, d'après la théorie du chaos. Leurs trajectoires seront parfaitement distinctes. Dans les cas des phénomènes plus ou moins récurrents, monotones, l'intelligence artificielle sert à prédire. Cependant, dans de nombreux cas, notamment lors d'événements météorologiques particuliers, l'IA présente de nombreuses limites. »

Nous l'avons montré, interconnecter les données, prendre des bouts d'algorithmes sont des pratiques courantes en IA. Ces assemblages risquent de nous décaler davantage de la réalité. Ces limites ont déjà été perçues très clairement, par exemple, à l'occasion de la crise des *subprimes*.

La conclusion de notre enquête, ce n'est pas que l'IA ne fonctionne pas. L'efficacité dépend, bien sûr, des programmes. Il est difficile de généraliser. Néanmoins, ces programmes ont des limites intrinsèques qui mériteraient un éveil des consciences bien plus important. Plusieurs études l'ont montré, dont une de grande ampleur : cent soixante équipes[1] composées de chercheurs spécialistes de données et de sciences sociales ont construit des modèles prédictifs quant à l'avenir d'enfants originaires de familles en difficulté sociale. Malgré l'utilisation d'un ensemble de données riches (quinze années de suivi des familles), les meilleures prédictions n'étaient pas très précises et n'étaient que légèrement préférables à celles issues d'un simple modèle de référence. Cette étude sophistiquée montre que la prédiction est complexe. Deux autres articles scientifiques[2] ont montré l'inefficacité d'une IA de Google afin de prévoir la grippe, via les mots clés cherchés dans le moteur de recherche. Les prévisions étaient largement surestimées. Dans ce cas, Google a arrêté le programme. Or, le problème est que les programmes d'IA, très opaques, sont souvent mal évalués et continuent d'être employés, même s'ils apparaissent inefficaces, voire néfastes.

Les détracteurs de l'IA surestiment souvent le pouvoir des algorithmes, certainement afin d'en limiter la propagation. Au cours de cette enquête, nous avons constaté que la réussite des programmes d'IA était souvent survalorisée. Malheureusement, ce n'est pas parce qu'une invention ne fonctionne pas que son utilisation s'arrête. Dans le secteur de la finance, on continue d'utiliser les multiples modèles algorithmiques à l'origine de la crise des *subprimes*…

Même lorsqu'ils sont inefficients, ces modèles ont de multiples effets sur nos vies. Ils rigidifient et rendent moins souples les interactions au sein de la société. Dans des secteurs tous les jours plus nombreux, nous échangeons avec des machines qui ne s'adaptent pas comme peuvent le faire des humains. Chacun doit entrer dans une case, sans considération de la situation et du cas particulier.

Par conséquent, la principale crainte n'est pas d'être dominés par des machines, mais de simplifier nos comportements afin d'interagir avec un environnement où les programmes d'IA sont devenus légion. « Le risque est que le recours aux agents conversationnels, qui ont une compréhension très limitée, nous conduise à appauvrir nous-mêmes notre langage, analyse Jean-Michel Besnier. J'épure mon langage pour pouvoir communiquer avec la machine. Je deviendrais donc moins exigeant en matière de dialogue et je dialoguerais moins. J'utiliserais de moins en moins d'adjectifs, de propositions relatives. […] Une machine ne parvient jamais à faire autre chose que de formater ce qui est humain. Elle éradique tout ce qui dépasse dans l'humain, le goût pour l'ambiguïté, pour la séduction, pour la poésie... » En multipliant à l'envi l'emploi des IA, le danger serait donc d'amoindrir ce qui fait de nous des humains. L'enjeu ne serait pas que les machines deviennent humaines, mais que les humains adoptent des comportements similaires aux machines.

Nous simplifions notre langage, nous le rendons également plus extrême et caricatural afin de gagner en visibilité sur les réseaux sociaux. L'influence sur les écrits ne se limite pas aux simples posts, mais s'étend aux multiples sites. Contourner, comprendre les algorithmes de Google et utiliser les bons mots clés est aujourd'hui devenu indispensable. « Toute entreprise générant du revenu via son site web a une équipe dédiée à l'optimisation pour les moteurs de recherche, précise Guillaume Leclercq. Lorsque vous voulez exister dans le digital, c'est obligatoire et c'est quasiment le premier poste à cocher. Tous les médias trouvent des petites astuces pour être mieux positionnés. Elles ne sont pas visibles des utilisateurs. Cela permet uniquement d'être mieux qualifié par Google. »

Les changements ne se limitent pas à nos comportements. Nos dépendances à ces machines ont des conséquences jusque dans nos cerveaux. Plusieurs études[3] ont montré que les chauffeurs de taxi londoniens se déplaçant à l'aide d'une carte ont un hippocampe plus développé que ceux utilisant un GPS. Ils ont également remarqué qu'avec le temps l'utilisation d'un GPS atrophie cette partie du cerveau.

Par le biais des algorithmes d'IA, nous tentons de tout maîtriser et d'extraire les aspects subjectifs de nos vies, tels que les émotions ou les sentiments. Au sein de cette logique, l'objectif serait d'atteindre la rationalité afin de gérer plus efficacement et même de prendre de meilleures décisions pour le collectif. Cependant, les exemples récents prouvent le contraire. À force de vouloir mettre de la « rationalité » sur les marchés financiers, ces derniers n'ont jamais été si irrationnels et incontrôlables. Ce constat est aussi valable sur les réseaux sociaux, gérés par des algorithmes.

En voulant gommer le subjectif, mais également en usant à outrance de modèles d'apprentissage reposant sur des moyennes, nous supprimons tous les jours un peu plus la singularité et l'unicité de chacun. Les usages actuels de l'IA nous standardisent et nous conforment.

Le renforcement des discriminations

Contrairement à ce que l'on pourrait croire, avoir recours à un programme d'intelligence artificielle ne permet pas de supprimer les discriminations et les préjugés parfois reprochés aux décisions humaines. Tout algorithme comporte des biais et peut au contraire amplifier des discriminations. Pourquoi ? Premièrement, les données utilisées par des programmes d'IA d'apprentissage peuvent comporter des biais. Prenons l'exemple d'Amazon. En 2015, un algorithme était censé faciliter le recrutement. Or il proposait davantage de CV d'hommes et, lorsqu'il proposait des femmes, elles étaient surqualifiées. L'IA procédait de cette façon car elle avait été entraînée sur des données historiques dans lesquelles les hommes étaient surreprésentés. Les exemples similaires sont légion. Concernant la reconnaissance faciale, les algorithmes sont majoritairement entraînés sur des photos d'hommes blancs : les erreurs seront donc plus nombreuses pour les femmes et les Noirs. Une étude a montré que les taux d'erreurs étaient dix à cent fois plus élevés pour les personnes originaires d'Afrique et d'Asie de l'Est[4]. « La reconnaissance faciale fonctionne sur une modélisation géométrique du visage, explique Philippe Besse. Elle identifie les points. À partir de certains points du visage, une reconnaissance est réalisée. L'image n'est pas analysée. Comme les algorithmes sont souvent entraînés et construits sur des visages de type caucasien, la reconnaissance fonctionne mal lorsqu'elle est appliquée à des Noirs. »

Fin 2020, une chercheuse, Timnit Gebru, a été remerciée par Google en raison, notamment, de son travail sur ces discriminations. Une lettre de soutien a recueilli, entre autres, les signatures de mille quatre cents salariés de Google[5]. « Je salue respectueusement le courage de Timnit Gebru d'exprimer ses convictions au risque, sans doute inévitable, de son licenciement, déclare Philippe Besse. Néanmoins, de très nombreux chercheurs de premier plan en IA ont été embauchés par les Gafam à des salaires indécents au regard des salaires académiques, à tel point qu'il est actuellement difficile de recruter de tels profils à l'université. Google emploie ces chercheurs avec une volonté évidente de retour sur investissement en termes de communication "positive" et notamment d'*ethical washing*. Les employés qui ont demandé dans la lettre collective "un engagement sans équivoque" de Google à respecter "l'intégrité scientifique et la liberté académique" devraient relire les clauses de leur contrat d'embauche et s'interroger sur le caractère "éthique" de travailler pour un Gafam à un certain niveau de responsabilité. »

Dans le débat sur la reconnaissance faciale, nous avons tendance à mélanger deux utilisations de ces programmes d'IA, à l'efficacité pourtant très différente. La première est l'authentification, c'est-à-dire que le visage est enregistré avec une photographie de bonne qualité, prise dans un angle et une lumière satisfaisants. Lorsque le visage est scanné, il est reconnu dans une base précise. Dans ce cas, les erreurs sont moins significatives, même si des biais persistent. Avec le port du masque, par exemple, des progrès ont été réalisés depuis le début la pandémie de la Covid-19. Dans les conditions d'une base prédéfinie avec des photographies de bonne qualité, les meilleurs algorithmes font 5 % d'erreurs[6] ; avec les autres programmes, les taux grimpent de 10 à 40 %[7]. « Cette étude ne prend pas en compte les lunettes, précise Emmanuelle

Frenoux, maîtresse de conférences à Polytech Paris Saclay. Dans la vraie vie, je ne sais pas quelle est la proportion de personnes portant des lunettes en plus du masque, mais c'est loin d'être négligeable et les algorithmes n'aiment pas trop les lunettes… Dans le cadre de ces travaux, de faux masques ont été collés de façon informatique sur le bas des visages. Ce sont donc des masques qui ont exactement de la forme du visage (ce qui n'arrive pas dans la réalité) et sans aucune texture, de couleur uniforme… J'ai tendance à penser qu'un vrai masque capté générera plus de difficultés qu'un masque au sens informatique du terme. »

Même avec ces limites, celles liées par exemple au masque, ce type d'authentification comporte bien moins de risques d'erreur que la reconnaissance faciale utilisée pour identifier un possible terroriste dans un couloir de métro parmi des millions de visages. Le mauvais éclairage et une qualité médiocre de l'image peuvent conduire à multiplier les erreurs.

▸ **Emmanuelle Frenoux**, maîtresse de conférences à Polytech Paris Saclay, effectue également ses recherches au Laboratoire d'informatique pour la mécanique et les sciences de l'ingénieur (Limsi). Membre du groupement de services CNRS EcoInfo, elle s'intéresse particulièrement à l'impact de l'IA sur l'environnement.

Beaucoup plus utilisés aux États-Unis qu'en Europe, les systèmes intelligents ont été l'objet de controverses. Le programme d'IA Correctional Offender Management Profiling for Alternative Sanctions (Compas) a été créé afin d'aider les juges à prendre leurs décisions quant à la remise en liberté des détenus. Les condamnés noirs qui n'ont pas récidivé sur une période de deux ans sont près de deux fois plus susceptibles d'être classés à tort comme « à risque » par rapport aux accusés blancs[8]. Compas surévalue le risque de récidive des Afro-Américains et sous-estime celui des Blancs. Le danger est que ces biais s'accentuent au fil du temps. Dans le cas de Compas, les juges aidés par ce logiciel laisseront plus longtemps les personnes noires derrière les barreaux. Et ces nouvelles données biaisées nourriront de nouveau l'algorithme. « Dans les systèmes informatiques, on appelle cela des boucles de rétroaction positives. Elles ont un effet amplificateur », ajoute Fabien Tarissan.

Le programme Predpol a, lui, pour objectif de mieux cibler les patrouilles de policiers en fonction des crimes et des plaintes. Son efficacité a été remise en cause. Certains lui ont reproché de favoriser les discriminations. La ville de Los Angeles, sa principale utilisatrice, a arrêté de s'en servir. Comme souvent en IA, l'objectif principal de ce programme est de gagner en efficacité. « Ces machines prédictives servent non seulement à prédire où et quand les crimes sont susceptibles d'avoir lieu, mais également à orienter, superviser et réguler le travail de la police, analyse Bilel Benbouzid. La police prédictive est une entreprise de rationalisation par la mise en place de métriques de la quantité du travail de la police. Le plus gros problème est la manière dont on pense le travail du policier, dont la police définit la patrouille et son rapport à la population. Le rêve des gestionnaires de la police américaine est de pouvoir piloter le travail de la police comme une entreprise. Ils veulent produire de la sécurité, c'est-à-dire utiliser des policiers de manière optimale, comme on produirait de l'électricité. »

Afin de parvenir à réduire ces discriminations, certains souhaiteraient plus de diversité parmi ceux qui conçoivent l'IA. Dans ce secteur, les femmes sont particulièrement rares. Cette enquête, la sixième de la collection « Carnets d'alerte », est celle où nous avons interrogé le moins de femmes. Selon les recruteurs d'entreprises technologiques de la Silicon Valley, parmi les candidats à des postes techniques dans le secteur de l'intelligence artificielle et de la science des données, on compte moins de 1 % de femmes[9]. Dans le monde, à peine 2 % des personnes déposant des brevets liés aux TIC (Technologies de l'information et de la communication) sont des femmes[10]. « Comme ce monde est masculin, il en reproduit les stéréotypes, explique Muriel Garnier, du Laboratoire de l'égalité. Nous avons créé un pacte. Notre objectif: atteindre d'ici trois ans 50 % de femmes dans les lieux stratégiques de développement de l'IA, c'est-à-dire dans les comités éthiques, les instances de régulation et décisionnelles. »

« Nous avons trop tendance à laisser l'intelligence artificielle aux seuls informaticiens, complète Anne Bouverot, de la fondation Abeona. Si nous laissons faire et qu'ensuite les programmes créés sont employés dans la vie de tous les jours, ce sera la porte ouverte à de multiples problèmes. Il est indispensable de s'assurer qu'il y ait des équipes avec des hommes, des femmes, des informaticiens, des non-informaticiens, des jeunes, des personnes plus âgées qui regardent tous les projets au sein d'une entreprise, d'une administration, de l'État, avant de mettre les programmes d'IA en œuvre. »

▸ **Anne Bouverot** est présidente du conseil d'administration de Technicolor et présidente de la fondation Abeona, créée pour comprendre et atténuer les risques liés aux développements de l'IA.

Prendre conscience de l'existence de ces biais est déjà un premier pas. Aujourd'hui, de nombreux programmes d'IA sont utilisés sans aucune évaluation de ces discriminations. Cependant, une fois identifiés, est-il possible de corriger ces biais ?

La plupart des chercheurs nous l'ont confirmé : un biais peut être corrigé, mais d'autres apparaîtront. Les algorithmes comportent inévitablement des biais. Prenons l'exemple de la carte de crédit d'Apple, lancée en 2019 : elle accordait moins de crédit aux femmes, alors que la catégorie du genre avait justement été retirée. Dans ce cas, le fait d'avoir supprimé cette indication a compliqué en amont la détection de ce biais. « Cela concerne également une analyse automatique de CV dans une procédure de recrutement prédictif, ajoute Philippe Besse. Lorsque le genre ou l'origine ethnique sont retirés, les informations des autres données – cursus, expériences acquises, adresse, congés pour maternité – peuvent suffire à l'algorithme pour compléter implicitement la donnée personnelle sensible et donc perpétuer le risque de discrimination. »

Pour corriger un biais, il y a plusieurs possibilités. On peut le faire au sein des données. Dans ce cas, il est indispensable d'y avoir accès. L'anonymisation peut poser problème, ainsi que l'interdiction d'enregistrer certaines données sensibles. La Commission européenne interdit, par exemple, d'enregistrer les données ethniques.

Autre possibilité : corriger l'algorithme ou la décision. Cependant, corriger ces biais risque d'augmenter les erreurs de prévision. « L'atténuation de la discrimination est le résultat de la recherche complexe d'un meilleur compromis entre erreur de prévision et réduction du biais, confirme Philippe Besse. Par ailleurs, corriger un biais de société (discrimination positive) est un choix politique. Actuellement, le *data scientist* responsable d'un traitement n'est soumis à aucun contrôle mais à ses seuls choix, lesquels dépendent de ses compétences et de sa déontologie personnelle. »

Aujourd'hui, nous réagissons une fois que les usages sont déjà répandus au sein de la société.

Et pourtant, de nombreuses questions se posent. Faut-il corriger ces biais ? Jusqu'où ? Dans certains cas, ne vaudrait-il pas mieux supprimer l'usage d'un programme d'IA plutôt que de le corriger ?

De la responsabilisation à la transparence

La question de la responsabilité est revenue régulièrement au cours de cette enquête. L'algorithme ne peut pas être responsable de la prise d'une décision. « La responsabilité de la décision doit toujours être sous la responsabilité humaine, confirme Philippe Besse. On ne peut pas se décharger et affirmer : "La machine s'est trompée." La faute peut incomber à celui qui entraîne un algorithme ou qui constitue la base de données… Il faut établir cette chaîne de responsabilités. La déshumanisation de la décision est à repousser. »

Dans certains cas, lorsque l'algorithme affecte lui-même les étudiants dans les universités ou répartit les malades selon leur gravité, il n'est pas toujours simple d'établir la responsabilité. Provient-elle de celui qui conçoit l'algorithme, de celui en charge de son application ? « Celui qui fabrique l'algorithme et qui produit une décision doit en être responsable, indique Hubert Guillaud, peut-être en coresponsabilité avec celui qui est chargé de l'appliquer. Une responsabilité sur laquelle la société doit pouvoir demander des comptes, réclamer la transparence, avec des garanties, est nécessaire. Si un système calcule que vous devez prendre quatre ans de prison et que vous risquez de récidiver, alors que ce calcul est en grande partie faux, il est indispensable d'avoir la possibilité d'attaquer la société à l'origine du calcul, et pas seulement le juge qui l'applique. Sa décision est orientée par le calcul qui lui est soumis. »

Nous pouvons le constater au quotidien, les analyses réalisées par un algorithme influent grandement sur nos décisions. Difficile, par exemple, de ne pas suivre une proposition d'itinéraire proposée par un GPS prenant en compte le trafic, les travaux…

Tous les chercheurs interrogés l'ont confirmé : les algorithmes devraient être beaucoup plus transparents. La décision ou la recommandation devrait pouvoir être nécessairement expliquée. Concernant les algorithmes publics, cette transparence est déjà obligatoire. Cependant, un rapport a montré que “la mise en œuvre du cadre juridique relatif aux algorithmes est perçue par les administrations comme une contrainte et une tâche d'une ampleur incompatible avec les moyens disponibles” [11]. »

Les algorithmes complexes d'IA restent souvent des boîtes noires pour les non-spécialistes, bien sûr, mais également pour les experts. Nous avons expliqué, dans la première partie, qu'il est parfois extrêmement difficile d'interpréter le chemin pris par l'algorithme pour parvenir à un résultat. « Cette question est posée depuis la genèse de l'IA, témoigne Nicolas Maudet, chercheur en informatique. Elle n'est pas simple du tout. De nombreux travaux de recherche existent sur ce sujet, ainsi que sur la manière de justifier une recommandation fournie à l'utilisateur. Les travaux montrent qu'en fonction de la personne à laquelle on s'adresse, l'explication sera différente. [...] Plusieurs approches d'explicabilité existent aujourd'hui. C'est un premier pas, mais il faut faire attention à ce que cela ne devienne pas seulement un outil de persuasion. Chacun devrait avoir la possibilité de contester la recommandation ou la décision. »

▸ **Nicolas Maudet** est professeur en informatique au campus Pierre et Marie Curie de Sorbonne université. Ses recherches portent notamment sur les prises de décision collectives aidées par des programmes d'IA.

Dans tous les cas, même s'agissant des programmes d'IA pour lesquels les résultats ne sont pas simples à expliquer, pourrait exister une procédure de validation des algorithmes. « Nous pourrions imaginer une procédure comme pour les médicaments mis sur le marché avec les effets indésirables précisés, propose Philippe Besse. Concernant les applications IA en santé, c'est déjà en route. L'agence américaine du médicament a mis en place un protocole de validation des algorithmes. Pour ma part, j'ai participé à un groupe de travail de la Haute Autorité de santé sur les dispositifs médicaux connectés, ceux qui intègrent de l'IA afin d'élaborer un questionnaire de validation de ces dispositifs connectés en vue de leur éventuel remboursement. »

La procédure de validation ne devrait pas concerner seulement l'algorithme, mais aussi son application. Un algorithme peut avoir plusieurs applications dans des domaines très divers. Dans le cas de la police prédictive aux États-Unis, le logiciel Predpol est inspiré d'un programme d'IA créé par un sismologue français. Il semblerait en effet que les séismes répliquent comme les crimes se répètent…

Cette procédure de validation pourrait exiger de préciser le taux d'erreur pour chaque programme d'IA. « Regardez ce qui s'est passé pour les sondages : cela a pris des années, mais aujourd'hui, les instituts ont l'obligation de communiquer leurs marges d'erreur aux journaux qui ne sont pas obligés de les publier, précise Philippe Besse. Lors de la dernière élection présidentielle, les médias et les instituts ont indiqué des marges d'erreur afin d'ouvrir le parapluie car les sondages étaient assez incertains. Ce pourrait être pareil pour les algorithmes. »

Aujourd'hui, les Gafam gardent leurs algorithmes et leurs paramètres confidentiels. La presse, nous l'avons montré avec l'exemple des fameuses listes noires de mots, n'a aucune visibilité. « Au-delà d'une certaine taille, les entreprises pourraient avoir l'obligation de partager les algorithmes au minimum avec les autorités, explique Serge Abiteboul. Les lois ne sont pas adaptées au XXIe siècle. Vous êtes un petit entrepreneur qui vend un service et vous êtes situé en tête de la première page de Google. Si Google modifie son algorithme, vous pouvez vous retrouver en deuxième page. Dans ce cas, l'entreprise peut faire faillite. Prenons un autre exemple. J'ai travaillé sur la modération de Facebook lors d'une mission pour le gouvernement. Nous n'avions pas accès aux critères et aux algorithmes de Facebook. Ce réseau social nous a donné les grandes lignes des algorithmes, mais les algorithmes sont modifiés en permanence. »

Les chartes éthiques, qui se multiplient sur l'IA, ne sont pas suffisantes. « En 2015, Google, Facebook, puis Apple, tout le monde a signé une charte pour une IA éthique et au service de l'humanité. Mais lorsqu'on voit ce que ces entreprises font par derrière… C'est ridicule. Les chartes éthiques, c'est gentil, mais elles ne servent à rien », déplore Philippe Besse. Par conséquent, la législation ainsi que les moyens de contrôle doivent être renforcés.

Il pourrait être également obligatoire d'indiquer si une entreprise utilise de l'IA pour recruter, prendre une décision ou tout simplement lorsqu'un utilisateur échange avec un *chatbot*. Au cours de notre enquête, il est apparu très difficile de trouver des études et des chiffres globaux sérieux précisant combien d'entreprises recourent à des programmes d'IA et à quelles fins. « En Californie, par exemple, une loi impose d'identifier clairement l'interaction avec un *chatbot* à des fins de promotion commerciale ou politique, rappelle Célia Zolynski. En Europe et en France, il n'y a pas d'obligation aussi claire. Des discussions ont été lancées par la Commission européenne. Cela éviterait les risques de confusion et de dévoiement. »

Débattre – avant son application – de l'intérêt et des effets d'un programme d'IA est essentiel. Nombreux sont ceux à même de réclamer des moratoires, des interdictions totales dans certains domaines comme la reconnaissance faciale ou l'analyse des sentiments.

En février 2020, la Commission européenne a publié un livre blanc sur l'intelligence artificielle. La réglementation risque de mettre du temps à être effective. Si elle aboutit, elle pourrait modifier grandement les pratiques et amplifier la transparence, au même titre que le RGPD pour les données. Tout dépend de l'Union européenne : où choisira-t-elle de mettre le curseur ? Aujourd'hui, plusieurs pistes sont à l'étude : du simple label volontaire d'algorithme à une obligation type « marquage CE », avec de nouveaux standards précis pour chaque programme d'IA. « Dans ce cas, les déploiements d'algorithmes d'intelligence artificielle devront être accompagnés d'une documentation suffisamment détaillée explicitant les choix et les précautions à prendre, détaille Philippe Besse. Ce ne sera plus à l'usager de montrer qu'il est discriminé, mais au développeur de démontrer ce qu'il a mis en place pour ne pas discriminer. Seule une approche *ex ante* permettra de contrôler un algorithme. »

Parmi les critères permettant de définir un programme d'IA, un indicateur environnemental de fabrication et d'utilisation d'un modèle pourrait être ajouté. On pourrait même s'interroger sur l'intérêt de développer certains programmes d'IA d'un point de vue social et écologique. Impossible de faire de l'IA sans ordinateurs, sans infrastructures et donc sans électricité et sans consommation de multiples métaux. Difficile aussi de dissocier l'IA de la pollution du numérique dans sa globalité. Par conséquent, au-delà des limites inhérentes à l'IA, la plus importante est sans aucun doute celle de la planète. Certains considèrent justement l'IA comme *la* solution pour résoudre les problèmes environnementaux, afin de calculer au mieux chaque usage, en oubliant parfois que le numérique n'est pas du tout immatériel. Même s'il ne s'agit pas de rejeter en bloc tous les usages de l'IA, ce technosolutionnisme résulte de notre pensée hors-sol.

Aujourd'hui, deux visions s'opposent : l'une souhaite changer de cap afin de construire un monde où l'humain comprend qu'il fait partie de la nature ; l'autre préfère continuer dans la même direction, jusqu'à imaginer quitter la Terre pour coloniser Mars. « Aujourd'hui, il y a un enjeu anthropologique avec le transhumanisme et un enjeu vital biologique avec l'environnement, précise Jacques Testart. L'échéance des deux est fixée vers 2050 ! Il y en a un qui l'emportera sur l'autre. Et je suis persuadé que ce sera la nature. Toutes les promesses transhumanistes apparaîtront dérisoires lorsque nous n'aurons plus à manger. » De fait, les transhumanistes imaginent souvent que les machines parviendront à acquérir une conscience en 2050, également désignée comme une date butoir quant à divers problèmes écologiques.

HUITIÈME PARTIE

La plus grande limite de l'IA : la pollution du numérique

Le numérique est responsable d'environ 4 % des émissions mondiales de gaz à effet de serre[1], soit davantage que l'aviation civile. La dégradation du climat n'est pas la seule conséquence de cette utilisation massive du numérique. Consommation de l'eau, dégâts engendrés par l'extraction des métaux : dans le monde, en vingt-cinq ans, le tonnage extrait de cuivre ou de zinc a plus que doublé[2]. Si le numérique était un pays, il aurait deux à trois fois l'empreinte de la France[3].

Calculer l'empreinte environnementale du numérique n'est pas si simple. Les équipements sont dispersés, divers et variés. Depuis quinze ans, Frédéric Bordage, fondateur et animateur de GreenIT.fr, réalise de nombreuses études sur les impacts environnementaux du numérique en se fondant sur une méthodologie d'analyse du cycle de vie. « On observe un triplement des impacts environnementaux du numérique en quinze ans, entre 2010 et 2025, déplore Frédéric Bordage.

Pourquoi ? Nous sommes passés d'un usage informatique professionnel à un usage pour les particuliers, un marché aux débouchés importants avec un suréquipement des ménages. Désormais, les pays émergents s'équipent également. Ce n'est que le début du tsunami. À cela s'ajoutent tous les objets connectés qui ne cessent de croître. Il y a désormais bien plus d'informatique partout autour de nous que dans notre ordinateur. En plus de cette augmentation de notre consommation d'équipements numériques, le numérique est un accélérateur du temps et de l'économie, il nous pousse à consommer plus. »

▸ **Frédéric Bordage** est fondateur de GreenIT.fr, une communauté d'acteurs du numérique responsable qui aide à la mise en œuvre de la sobriété numérique, de l'écoconception des services numériques et plus globalement d'un numérique alternatif.

« Le numérique est très symptomatique du développement de notre économie, fondée sur la production et l'accélération, ajoute Françoise Berthoud, chercheuse au CNRS. C'est un emblème du fonctionnement de nos sociétés. »

▸ **Françoise Berthoud** est ingénieure au CNRS, experte du couplage environnement et numérique. Elle a fondé le groupement de services CNRS EcoInfo, qui vise à proposer des actions pour réduire les impacts environnementaux du numérique.

En France, l'empreinte du numérique représente 3,2 % des gaz à effet de serre[4]. « Les gaz à effet de serre émis par l'utilisation des équipements et des infrastructures du numérique sont un peu moins importants en France car notre énergie est principalement nucléaire, donc décarbonée, ce qui ne signifie pas non polluante », souligne Emmanuelle Frenoux, maîtresse de conférences à Polytech Paris Saclay. Le numérique est également responsable de 2,2 % de la consommation d'eau[5], soit cinq fois celle des Parisiens. Quatre milliards de tonnes de terres sont extraites par an pour accéder aux métaux et autres terres rares[6] nécessaires aux équipements. La majorité de ces pollutions ne sont pas directement réalisées en France car la plupart de nos équipements sont importés.

Les équipements, la plus grande source de pollution

Contrairement à diverses idées reçues sur le numérique, la plus grande source de pollution n'est pas le stockage des données, mais la fabrication des équipements, trop nombreux et trop souvent remplacés. Premiers responsables : nos ordinateurs, nos téléphones, nos box, nos tablettes. En France, la fabrication des équipements des utilisateurs représente 76 % des émissions de gaz à effet de serre du numérique[7], 86 % de l'eau consommée par le numérique[8] et 79 % de la contribution à l'épuisement des ressources nécessaires à ce secteur[9]. On retrouve les mêmes ordres de grandeur au niveau mondial pour l'eau (74 %) et les ressources (76 %), un peu moins concernant les gaz à effet de serre (39 %)[10].

« À l'échelle du monde, les impacts des terminaux sur les gaz à effet de serre sont un peu moins élevés car le taux d'équipement des utilisateurs est nettement moins important », précise Frédéric Bordage. Les chiffres peuvent varier selon les études car ils dépendent de la durée de vie des produits choisis, mais également selon les pays[11] qui n'ont pas opté pour les mêmes sources d'énergie (nucléaire, charbon, énergies renouvelables…). « L'essentiel est surtout de garder en tête que l'empreinte numérique des équipements des utilisateurs diminue quand la longévité du matériel augmente », note Emmanuelle Frenoux. Les impacts de la fabrication de tous les équipements des infrastructures et des *data centers* viennent s'ajouter à cette pollution.

Nous remplaçons bien trop souvent nos téléphones et ordinateurs. Dans le monde, 10 milliards de téléphones portables ont été vendus depuis 2007[12]. En France, 88 % des téléphones remplacés fonctionnent encore[13]. Nous gardons en moyenne nos smartphones vingt-trois mois[14]. Pourtant, les téléphones ne sont pas encore les objets les plus polluants. En tête du classement des équipements les plus impactants : les télévisions et les box, suivies des ordinateurs et enfin des smartphones.

Les équipements informatiques sont également de plus en plus nombreux : objets connectés, tablettes, ordinateurs... Onze en moyenne par personne[15] en France ! Leur masse représente 7 millions de tonnes, soit sept cents tours Eiffel[16]. Le produit final représente une part infime de la masse totale de déchets générés tout au long du cycle de vie de ces produits high-tech. En moyenne, la fabrication d'appareils électriques à forte composante électronique requiert l'utilisation de 50 à 350 fois leur poids en matières diverses[17]. Pour produire un ordinateur de 2 kg, 600 kg de matières premières sont nécessaires[18]. « Ces chiffres montrent que le numérique est tout sauf immatériel, analyse Hugues Ferrebœuf, de l'association Shift Project. Cette croyance en l'immatérialité alimente des comportements qui entraînent le système dans la mauvaise direction. Le numérique implique l'utilisation d'équipements. Et ces équipements sont notamment fabriqués avec des métaux qu'il faut aller chercher. Plus on utilise d'équipements, plus il faut creuser pour extraire de plus en plus de métaux. »

▸ Après avoir exercé plusieurs postes de direction chez Orange, **Hugues Ferrebœuf** coordonne les travaux relatifs au numérique du Shift Project, un *think tank* qui œuvre en faveur d'une économie libérée de la contrainte carbone.

Les smartphones sont truffés de matériaux. Une cinquantaine de métaux sont nécessaires à leur fabrication, soit deux fois plus que pour les téléphones d'ancienne génération[19]. Chaque année, la fabrication de smartphones dans le monde absorbe environ 9 000 tonnes de cobalt, soit environ 10 % de la production totale[20]. Les téléviseurs connectés requièrent environ 330 tonnes d'indium, soit 50 % de la production[21]. Tous les métaux et autres terres rares sont très utilisés dans les équipements numériques. Il ne faut toutefois pas les confondre. Les terres rares sont des éléments métalliques au nombre de dix-sept, tels que le cérium, le scandium ou l'yttrium. Très utilisées dans les nouvelles technologies, elles ne sont pas si rares, mais on les trouve en faible concentration et le mode d'extraction des terres rares est très polluant.

Les métaux, eux, sont classés en fonction de leur rareté dans la croûte terrestre. Les plus abondants sont le fer, le titane, ou encore l'aluminium. Plus rares sont le cuivre, le cobalt et, plus précieux encore, l'or, le sélénium ou l'indium. L'extraction de ces métaux consomme beaucoup d'eau et requiert de grandes quantités d'énergie. La fabrication des seuls ordinateurs et téléphones portables absorbe 19 % de la production globale de métaux rares tels que le palladium[22]. La consommation de matières premières pour l'ensemble des secteurs devrait presque doubler d'ici 2060[23]. Selon les travaux du chercheur en minéralogie Olivier Vidal, si nous continuons sur cette lancée pour satisfaire nos besoins d'ici 2050, nous aurons extrait plus de métaux que l'humanité ne l'a fait depuis son origine[24] ! Olivier Vidal estime que le pic d'extraction du cuivre pourrait être atteint dans quarante ans, en 2060[25]. L'indium pourrait quant à lui connaître des problèmes d'approvisionnement dès 2030-2035[26].

Il est difficile de savoir précisément quels métaux pourraient manquer. Les réserves ne sont pas toutes connues. Toutefois, un point fait l'unanimité : les gisements seront plus difficiles à trouver. Au risque, au fil des années, de creuser toujours plus profond afin de trouver ces métaux. Par conséquent, et malgré les progrès technologiques, il sera nécessaire de dépenser plus d'énergie. « Les optimistes ont tendance à oublier les limites thermodynamiques, poursuit Olivier Vidal. Par exemple, pour extraire du fer d'un minerai, il faut le casser. Et pour cela, il faut de l'énergie. C'est une limite physique. Nous sommes partis de très haut, c'est-à-dire qu'énormément d'énergie était nécessaire pour extraire du fer. Puis la technologie a permis de diminuer la quantité d'énergie dont on a besoin. Plus on se rapproche de la limite thermodynamique, plus le gain technologique doit être important. Il y a une limite que nous ne pourrons pas dépasser. »

« Compte tenu des rythmes actuels d'épuisement des ressources, dans trente ans nous ne pourrons plus disposer de tous ces équipements numériques, conclut Frédéric Bordage. On nous vend une illusion avec les voitures autonomes pour tout le monde, la généralisation des écrans et des objets connectés, notamment nécessaires au sein de la ville intelligente. Concrètement, comment est-ce possible avec les stocks actuels de minerais ? Cette vision prométhéenne se heurte à la réalité de la Terre. »

Utilisés en petites quantités dans des équipements miniaturisés, ces matériaux sont difficilement recyclables. Seules 3 % des matières d'un smartphone sont recyclées[27]. « La miniaturisation nuit au démantèlement de l'appareil et au recyclage, précise Olivier Vidal. Récupérer des fifrelins dans un alliage est extrêmement difficile et très coûteux en énergie. De plus, ces technologies évoluent très rapidement. Il est difficile d'évaluer leur dissémination et leur développement. »

‣ **Olivier Vidal** est directeur de recherche au CNRS, à l'Institut des sciences de la Terre de Grenoble. Il s'est notamment spécialisé dans la modélisation des interactions entre matières premières et énergie.

« Plus nous réalisons des produits technologiquement complexes, notamment à base d'électronique ou d'alliages, avec des nanomatériaux, plus nous nous éloignons potentiellement des possibilités de mettre réellement en place une économie circulaire, confirme Philippe Bihouix, ingénieur. Les taux de recyclage diminuent avec l'enrichissement technologique des objets. L'or, métal indispensable dans l'électronique, est plutôt bien recyclé car il est cher. Mais d'autres métaux utilisés principalement dans les nouvelles technologies, comme l'indium, qui entre dans la composition des écrans tactiles, le gallium, le germanium, etc., ont un taux de recyclage moyen de moins de 1 %. En langage non technocratique, autant dire zéro[28]. » En 2019, 53,6 millions de tonnes de déchets électriques et électroniques ont été produits dans le monde entier, soit en moyenne 7,3 kg par habitant[29]. Dans le monde, seuls 17,4 % de ces déchets électroniques sont collectés et recyclés[30]. En Europe, cette part atteint 42,5 %[31].

▸ Ingénieur centralien et administrateur de l'Institut Momentum, **Philippe Bihouix** est directeur général de l'Arep, agence d'architecture interdisciplinaire et filiale de la SNCF.

Luc Julia, cocréateur de Siri, possède plus de deux cents objets connectés à domicile pour gérer la fermeture des volets, l'allumage de la lumière, etc. « Pour des raisons de sécurité, de nombreux objets ne sont pas reliés à Internet mais à notre propre Intranet. La lumière s'éteint lorsque vous partez. Aux États-Unis, les Américains aiment bien laisser la lumière allumée tout le temps, partout. Je déteste ça. Mes objets connectés me permettent de faire en sorte d'être complètement "efficient" sur tout ce qui est énergie. Par conséquent, je dépense beaucoup moins d'énergie que n'importe quelle maison de la même taille autour de chez moi. [...]. Je veux trouver une solution qui soit bonne pour la planète, mais en même temps, je ne veux pas forcément sacrifier mon confort. »

Le problème est que cette logique ne prend pas en compte la fabrication de tous ces objets. « C'est un argument marketing similaire à celui qui nous pousse à acheter un smartphone plus propre ou une voiture plus propre. On appelle ça de l'obsolescence écologique. Il faudrait se débarrasser du vieux matériel pour le remplacer par un plus économe en énergie. Installer des capteurs partout pour économiser au quotidien votre consommation d'énergie découle de la même logique, indique Emmanuelle Frenoux. Ce n'est absolument pas bénéfique pour la planète. N'oubliez pas la fabrication des capteurs et du matériel informatique. Ces capteurs sont souvent reliés à un ordinateur, lui-même relié à un centre de données. Si on étudie l'ensemble du périmètre impliqué, l'impact n'est pas négligeable sur l'environnement. »

Au lieu de continuer à acheter toujours plus de matériels informatiques, il conviendrait au contraire de décroître. Le scénario de l'association négaWatt, qui établit un plan respectueux de notre Terre pour 2050, prévoit de réduire considérablement nos usages numériques. « Nous prévoyons des nouveaux usages, explique Thierry Hanau. Ce pourront être des objets connectés, de la domotique, mais globalement, dans notre scénario, nous divisons par deux toutes les dépenses énergétiques numériques, en grande partie grâce à la sobriété et à l'efficacité. Aujourd'hui, nous possédons de nombreux écrans pour la télévision, pour les ordinateurs, des consoles de jeu et des smartphones. Il faut les rationaliser et apprendre à s'en passer. »

L'intelligence artificielle n'est pas directement concernée par ces équipements. Néanmoins les réseaux sociaux, les nombreuses applications comme Waze, les enceintes connectées, les futures villes intelligentes ou les possibles voitures autonomes utilisent des programmes d'intelligence artificielle. Et c'est pour utiliser ces programmes au quotidien que nous achetons toujours plus d'équipements informatiques.

Au sein du numérique, à travers le monde, les plus polluants sont donc nos équipements, puis vient la consommation électrique de ce matériel, suivie de la consommation électrique du réseau, de toutes les infrastructures qui permettent de relier nos ordinateurs aux *data centers* telles que la fibre, les antennes relais… Enfin, nous trouvons l'impact des *data centers* – les centres de données –, responsables de 15 % des gaz à effet de serre du numérique[32].

Stocker les données

Il n'y a pas d'intelligence artificielle sans ordinateurs, ni sans données et sans puissance de calcul. « Un centre de données et un centre de calcul sont approximativement similaires, note Emmanuelle Frenoux. Dans un cas, les machines sont destinées au calcul ; dans l'autre, elles sont destinées au stockage. Un centre de calcul aura plus de puissance par la configuration des machines. »

Certes, la bande passante d'Internet est pour l'instant très majoritairement utilisée pour la vidéo. Le streaming représente 60,6 % du trafic mondial[33]. Par conséquent, les *data centers* servent en grande partie à nous permettre de regarder des séries et autres divertissements. Cependant, entraîner des algorithmes exige de la puissance de calcul et de pouvoir stocker des milliards de données. Et ces pratiques sont en constante augmentation. « Si on s'obstine à tout calculer, tous les phénomènes physiques, il n'y aura pas de limites, regrette Thierry Hanau. En fin de compte, vouloir être aussi précis que le monde lui-même coûtera énormément d'énergie. Il n'y a pas de limite à la dépense énergétique de calcul. »

L'argument d'utiliser toujours plus d'intelligence artificielle en vue de sauver la planète rencontre de multiples limites. Certains usages particuliers peuvent être utiles. « L'IA permet par exemple d'anticiper des pics de demande électrique avec beaucoup de finesse et de déclencher automatiquement certaines actions – comme des arrêts de gros consommateurs, prévenus à l'avance –, avec une sûreté et une rapidité que l'homme ne pourra plus assurer, tient à préciser Thierry Hanau. Mais elle doit rester sous contrôle : les algorithmes guidant les actions automatiques doivent suivre des règles définies par des responsables. »

La complexité du vivant est telle qu'elle est inaccessible aux calculs et à la modélisation de façon précise. Nous avons tendance à oublier que des études, des chercheurs, des associations, de nombreux acteurs de la société civile ont déjà réalisé – maintes et maintes fois – l'état des lieux de la planète, depuis des dizaines d'années. Les problèmes et les solutions à mettre en place sont déjà connus. Nous les avons étudiés dans nos cinq dernières enquêtes pour « Carnets d'alerte » : l'indispensable changement du modèle agricole et alimentaire, cesser de prendre le PIB pour boussole… « Pourquoi utiliser des programmes d'intelligence artificielle ? s'interroge Françoise Berthoud. On pourrait, par l'exemple, les utiliser pour identifier les endroits les plus pollués dans une ville. Aujourd'hui, si vous demandez à une personne asthmatique de vous indiquer les endroits les plus pollués dans la ville, elle est capable de le faire ! Il n'y a pas besoin d'intelligence artificielle pour ça. Aujourd'hui, les climatologues se posent la question : à quoi bon calculer à cinq décimales ? En fait, cela ne sert à rien, car aujourd'hui nous n'avons plus besoin de savoir, nous avons besoin de changer. C'est simple, nous avons déjà toutes les connaissances. »

Concernant l'intelligence artificielle, la partie la plus polluante est l'entraînement de l'algorithme, lors de la phase de création d'un programme. « Actuellement, de nombreux chercheurs de tous domaines utilisent des réseaux de neurones profonds car ils sont à la mode, mais ils n'ont parfois pas la quantité de données suffisante afin que le résultat soit considéré comme pertinent et robuste, regrette Emmanuelle Frenoux. Cela pose un problème scientifique et écologique. Plus le réseau est profond, plus il sera nécessaire de l'entraîner longtemps, plus il faudra de la puissance de calcul et le fonctionnement de machines en parallèle. Dans les années 2010, nous entraînions nos réseaux profonds sur nos propres machines. En 2021, nous avons un centre de calcul en face du laboratoire. On peut envoyer l'entraînement des algorithmes directement vers le centre de calcul et continuer à travailler sans même s'apercevoir du temps de calcul. »

La demande de puissance de calcul en IA double tous les trois ou quatre mois[34]. Elle a été multipliée par 300 000 entre 2012 et 2018[35]. « Un tel rythme de croissance est bien évidemment insoutenable, précise Philippe Bihouix. Dans le secteur du numérique, la croissance des données échangées double plutôt tous les dix-huit à vingt-quatre mois. C'est déjà très significatif. »

Une étude[36] a montré que les émissions pour l'entraînement d'un modèle sont comprises entre 18 kg d'équivalent CO_2 et 284 tonnes d'équivalent CO_2. Le modèle le plus couramment utilisé émet 652 kg d'équivalent CO_2, soit environ un aller Paris-Hong Kong en avion, ou 2 500 kilomètres en voiture, sans même compter l'impact environnemental de la fabrication des machines pour entraîner ces algorithmes.

La cryptomonnaie Bitcoin utilise le *blockchain*, une technologie de stockage et de transmission d'informations très sécurisée. Cette technologie est très gourmande en énergie. Le réseau Bitcoin a une empreinte carbone comparable à celle de pays comme l'Autriche, la Belgique ou le Danemark[37].

En 2020, 59 zettaoctets de données ont été créées, capturées, copiées et consommées dans le monde. Ce chiffre devrait encore grimper de 26 % par an pendant cinq ans pour atteindre au moins 175 zettaoctets[38]. Entre 2007 et 2017, le volume des données échangées à partir des *data centers* a été multiplié par 22[39].

Certes, les Gafam se défendent en mettant en avant les progrès considérables réalisés au sein de leurs *data centers*. Des progrès confirmés par les spécialistes interrogés. Tout d'abord, ces multinationales se tournent davantage vers les énergies renouvelables. Facebook et Apple ont ainsi investi en Oregon et en Californie pour créer des fermes solaires près de leurs *data centers*. Cependant, continuer de croître grâce aux énergies renouvelables sans réflexion sur la sobriété ne sera pas sans conséquence sur la nature. Nous l'avons montré dans notre précédent carnet d'alerte sur la croissance[40].

Au sein du fonctionnement des *data centers*, des progrès ont également été réalisés. « Aujourd'hui, les meilleurs *data centers* ont un indicateur d'efficacité énergétique de 1,1, c'est-à-dire que pour un kilowattheure arrivé à la prise de l'ordinateur de calcul, on dépense à l'entrée du *data center* 1,1 kilowattheure d'électricité, explique Thierry Hanau. Les meilleurs *data centers* perdent jusqu'à 10 % dans la climatisation. »

« En France, la moyenne de l'indicateur d'efficacité énergétique des *data centers* est de 1,8, indique Anne-Laure Ligozat, chercheuse en informatique. Cela signifie globalement qu'on utilise à peu près deux fois plus d'énergie que ce dont on a réellement besoin dans les *data centers*. C'est tout de même problématique. »

Certes, les *data centers* fonctionnent désormais à des températures plus élevées, les systèmes de refroidissement se sont considérablement améliorés, mais les impacts environnementaux sont loin d'être négligeables. « Pour être neutres en carbone, les sociétés sont tout de même obligées de compenser*, rappelle Françoise Berthoud. Elles ont considérablement diminué l'impact lié au refroidissement. Ensuite, certaines entreprises utilisent de l'énergie renouvelable. Elles génèrent moins de gaz à effet de serre. Cependant, les *data centers* qui utilisent des énergies exclusivement renouvelables sont rarissimes. »

▸ **Anne-Laure Ligozat** est maîtresse de conférences à l'École nationale supérieure d'informatique pour l'industrie et l'entreprise (Ensiie). Elle effectue également ses recherches au laboratoire Limsi. Membre du groupement de services CNRS EcoInfo, elle s'intéresse particulièrement au traitement automatique des langues et à l'impact de l'IA sur l'environnement.

Les gains d'efficacité et les progrès réalisés sont un argument souvent avancé pour continuer à multiplier les usages informatiques. Les innovations futures permettront de réduire l'empreinte écologique du numérique. Cependant, cette logique ne prend pas en compte l'effet rebond. Les gains réalisés grâce à des appareils électriques moins gourmands n'aboutiront pas forcément à une réduction de la pollution. « L'effet rebond est particulièrement présent dans le domaine numérique, rappelle Philippe Bihouix. Certes, la dépense énergétique, par octet transmis, a décru fortement et continuera à décroître. Mais, dans le même temps, la quantité de données échangées augmentera massivement, balayant tout espoir d'économie. »

Dans cette même logique de l'innovation, certains misent sur l'ordinateur quantique, fonctionnant à basse température et moins gourmand en énergie. La France a annoncé un plan d'investissement public-privé de 1,8 milliard d'euros sur cinq ans. Toutefois, cette technologie est loin d'être au point pour une utilisation quotidienne et des études montrent déjà que la consommation d'énergie pourrait être plus importante qu'attendue[41]. Quoi qu'il en soit, cette technologie ne réglera pas le problème de la pollution liée à la fabrication des nombreux équipements.

Toute cette pollution numérique est en grande partie le fait des pays développés. Seule la moitié de la population mondiale a accès à Internet[42]. « Accès » ne signifie pas avoir Internet en continu chez soi, mais s'être connecté dans les trois derniers mois. Une autre étude[43] évalue à 87 % la connexion individuelle dans les pays développés et à seulement 19 % dans les pays les moins avancés.

Les Européens sont 78 % à posséder un ordinateur chez eux, et seuls 10,7 % des Africains[44].

La 5G, un débat révélateur

Afin d'éviter que nos réseaux soient saturés, la 5G commence à être déployée en vue d'augmenter les capacités et d'améliorer la rapidité des échanges. Pour résumer, la 5G nous permettra de continuer à regarder des vidéos sur des smartphones et autres équipements informatiques. « Notre usage déraisonnable de la 4G justifie de migrer vers la 5G, qui sera une catastrophe, déplore Frédéric Bordage. Nous conseillons de limiter au minimum l'usage du Cloud et les usages en 4G, afin de ne pas saturer les réseaux 4G et de ne pas avoir à migrer vers la 5G. Cependant, nous préparons déjà le terrain de la 6G, car l'industrie ne s'arrête jamais… »

« Avons-nous vraiment besoin de regarder trois films Netflix par jour ? s'interroge Hugues Ferrebœuf. Avons-nous vraiment besoin non seulement de les regarder, mais désormais de les regarder en 4K sur un smartphone où, de toute façon, il n'y aura pas de différence entre du 4K et une définition plus simple ? C'est totalement stupide et ça a des conséquences en termes énergétiques. »

La 5G, qui nécessite des investissements coûteux, ne permettra pas aux personnes vivant dans les zones blanches d'accéder à Internet. Pour que les investissements nécessaires soient rentables, elle est surtout destinée aux zones urbaines à forte densité qui ont déjà la fibre, la 4G… Plusieurs experts interrogés auraient préféré que ces investissements lourds servent aux zones blanches plutôt qu'aux villes, déjà très bien couvertes.

En France, le débat sur la 5G s'est bien plus développé que dans nombre d'autres pays. Nous ne traiterons pas ici de l'ensemble des aspects économiques, écologiques, sanitaires et géopolitiques de la 5G. Toutefois, ce débat est en lien avec notre enquête car il réunit plusieurs caractéristiques du numérique déjà expliquées dans cet ouvrage. Pour de nombreux acteurs économiques et politiques, passer à la 5G paraissait être une suite logique, sans nécessité d'un débat sociétal. Le débat public est d'ailleurs intervenu alors que les ventes aux enchères des fréquences aux opérateurs étaient pratiquement engagées. Ces discussions sont apparues car les écologistes, la Convention citoyenne pour le climat et la plupart des spécialistes interrogés sur la pollution du numérique ont alerté de risques écologiques. Nombreux sont ceux qui ont même demandé un moratoire sur la 5G.

Premier impact polluant de la 5G : encourager les usages et l'achat d'objets connectés et le remplacement de nos smartphones afin d'y avoir accès. « Cette technologie est nécessaire pour l'implémentation des objets connectés, souligne Gauthier Roussilhe, designer. On déploie la 5G car cette technologie permet la connexion de milliards et de milliards d'objets bien plus facilement. La 4G n'est pas faite pour cela. La 5G est une technologie pivot pour toute une longue traîne de technologie. Elle permettra le déploiement de l'Internet des objets, des caméras intelligentes, de la ville intelligente, de la voiture autonome… »

Difficile d'en évaluer l'ampleur, qui dépendra de nombreux facteurs. Dans son rapport[45], Gauthier Roussilhe estime que la 5G entraînera la fabrication de 16,7 milliards d'objets connectés entre 2018 et 2024, 707 millions à 5 milliards de smartphones 5G entre 2019 et 2025 dans le monde[46].

▸ **Gauthier Roussilhe** est designer et chercheur. Il étudie notamment les impacts environnementaux du numérique.

La 5G nécessite toute une infrastructure qui s'ajoutera à celle de la 4G : 6,6 à 13,1 millions de nouvelles antennes entre 2019 et 2025 à travers le monde[47]. Elle ne remplacera pas les autres réseaux mais s'empilera. « Un point très intéressant : nous avons toujours été très efficaces pour cacher les infrastructures, remarque Gauthier Roussilhe. Néanmoins, la 5G demande des infrastructures tellement denses, avec de nombreuses interventions dans l'univers urbain, qu'elles seront de moins en moins camouflées. »

Plusieurs défenseurs de la 5G ont mis en avant les gains d'efficacité de cette technologie. L'efficacité énergétique des réseaux 5G sera multipliée par dix en dix ans[48]. Cependant, le trafic sera multiplié entre cent et mille fois[49]. Nous retrouvons là le fameux effet rebond, très présent au sein du numérique.

Jauger précisément l'impact futur de la 5G est impossible car les conséquences dépendront du niveau de couverture du territoire et des nouveaux usages. En France, la consommation d'électricité supplémentaire de la 5G est estimée entre 16 TWh et 40 TWh en 2030, soit entre 5 % et 13 % de la consommation finale d'électricité du résidentiel et du tertiaire en 2019[50]. Contrairement à ce que répètent les opérateurs, le Haut Conseil au climat indique que l'impact carbone du déploiement de la 5G ne sera pas neutre, il pourrait ajouter entre 2,7 et 6,7 millions de tonnes d'équivalent CO_2 en 2030[51].

Plusieurs experts interrogés ont insisté sur le fait que la 5G pourrait être utile à certaines industries et qu'il aurait été possible d'en limiter l'usage à celles-ci. « Il y a toujours ce même argument : nous serons à la traîne dans la compétition internationale si nous ne passons pas à la 5G, regrette Émile Meunier, conseiller écologiste de Paris. Ce n'est pas vrai. Avec la fibre, on peut déjà réaliser de nombreux projets fantastiques. Ce sont des choix de société différents. Un des principes d'une démocratie est la possibilité de faire des choix. S'il faut suivre à tout prix la course technologique effrénée, nous ne sommes plus en démocratie, mais en technocratie. »

▸ Avocat, **Émile Meunier** est conseiller écologiste de Paris, délégué auprès du maire du XVIIIe arrondissement chargé de l'économie sociale et solidaire. Il fait également partie du comité d'experts de l'association Halte à l'obsolescence programmée.

Les mesures urgentes à adopter

Pour réduire considérablement notre impact sur le numérique, le premier geste consiste à garder les équipements informatiques bien plus longtemps et à ne pas multiplier les objets connectés, alors que la durée de vie d'un ordinateur a été divisée par trois en trente ans[52]. À cette fin, des associations militent depuis des années afin que le consommateur puisse être mieux informé sur la durabilité et la réparabilité des produits.

L'obsolescence programmée doit être combattue sous toutes ses formes. Elle peut être technique : les fabricants mettent sciemment en place des astuces pour limiter la durée de vie du produit. Elle peut être liée au logiciel : les mises à jour bloquent l'appareil ou le ralentissent. La plus significative, cependant, est l'obsolescence esthétique, liée aux effets de mode : par le marketing ou la publicité, on pousse le consommateur à changer constamment de produits, alors qu'ils sont encore efficaces.

En France, depuis 2021, un indice de réparabilité est obligatoire sur tous les équipements électriques et électroniques. Une note comprise entre 0 et 10 est établie selon des critères tels que la disponibilité des pièces ou la démontabilité. Un indice plus global de durabilité sera obligatoire à partir de 2024.

Les associations regrettent que la mise à jour logicielle ne soit que partiellement prise en compte. « On se bat depuis des années pour qu'il y ait une distinction systématique entre les mises à jour correctives, qui allongent la durée de vie de l'équipement, et les mises à jour évolutives que l'on nous force à installer, détaille Frédéric Bordage. Ces dernières peuvent ralentir les smartphones au point de devoir les remplacer. Le déficit de compétences des législateurs en Europe et en France fait que les lobbies arrivent à imposer un droit numérique très laxiste en matière de contraintes environnementales. »

« On retrouve cette obsolescence logicielle sur nombre d'autres biens, ajoute Émile Meunier. Une société israélienne vendait des arroseurs automatiques intelligents, capables de capter la pluviométrie, l'humidité, etc. Cette société a fait faillite. Par conséquent, tous les logiciels ont arrêté de fonctionner, donc tous les arroseurs automatiques également. Plus de cent mille arroseurs sont devenus inutiles et bons à jeter. Il devrait y avoir une garantie de mise à jour du logiciel pendant au moins dix ans. »

La loi antigaspillage pour une économie circulaire de 2020 comprend plusieurs réformes, telles que la création d'un fonds pour le réemploi et la réparation. Autre mesure phare : l'obligation, en 2022, de mettre à disposition des pièces détachées d'équipements électriques et électroniques pendant cinq ans. « Normalement, tout consommateur de smartphone devrait pouvoir trouver des pièces détachées jusqu'à cinq ans après l'achat de son produit, se réjouit Alma Dufour, des Amis de la Terre. C'est une avancée ! On s'est battus pendant dix ans pour l'obtenir. » Grâce à cette loi, toute technique qui empêche la réparation d'un produit, comme les verrous logiciels, est interdite. Chaque ordinateur et téléphone doit pouvoir être réparable et pas seulement par des réparateurs agréés. L'association Halte à l'obsolescence programmée (Hop) souhaiterait aller plus loin et inverser la preuve du délit d'obsolescence programmée, instaurée depuis 2015. Aujourd'hui, il est à la charge du consommateur et il est très difficile à prouver. Hop voudrait qu'il incombe à l'industriel de démontrer le contraire.

Plusieurs spécialistes interrogés regrettent l'absence d'une réglementation européenne plus ambitieuse, avec par exemple l'obligation de la standardisation des pièces et, plus largement, des normes et des labels plus clairs et contraignants. D'autres pensent qu'il faudrait interdire les forfaits illimités pour le mobile, afin d'inciter les consommateurs à se connecter via la Wi-Fi, plutôt qu'en 3G ou en 4G, beaucoup plus énergivores.

Le rapport du Sénat sur l'empreinte environnementale numérique[53] compile de multiples mesures possibles en faveur d'un numérique plus responsable, comme favoriser l'éducation aux bonnes pratiques, la mise à disposition de bases de données permettant à chacun de calculer son impact numérique environnemental. La mutualisation des box Internet dans les habitats collectifs est également une idée mise en avant. Autres propositions : la création d'un « observatoire de recherche des impacts environnementaux du numérique », ou l'obligation de l'écoconception des sites publics. « Nous essayons de promouvoir l'écoconception de services numériques, explique Frédéric Bordage. On peut le faire grâce à des logiciels plus sobres qui consomment moins de mémoire vive, moins de bande passante… Ces optimisations techniques sont indispensables. Néanmoins, nous voulons aller plus loin : comment concevoir un service numérique ? Derrière un service numérique, il y a un acte numérique quotidien grand public : trouver l'horaire d'un train, prendre rendez-vous chez le médecin, consulter le solde de son compte en banque. Comment conçoit-on un service numérique en enlevant le plus de numérique possible ? Cette dernière est une ressource critique non renouvelable ; il faut trouver des solutions, des services hybrides où seul le numérique indispensable est conservé. Voilà l'avenir. Le low-tech numérique consiste, lorsque la SNCF veut vous informer, à le faire par SMS afin de réduire son empreinte numérique plutôt que par le smartphone 4G. »

Au quotidien, bien sûr, chacun doit réaliser des gestes afin de réduire son empreinte numérique. En plus de garder ses appareils le plus longtemps possible, on peut les réparer ou les acheter reconditionnés. Autres conseils souvent répétés par les acteurs clés : éteindre sa box et ses autres appareils électroniques. Il est préférable de regarder la télévision via la TNT plutôt que par la box.

Pour profiter d'Internet, la connexion fibre ou ADSL est à privilégier, de préférence à la 4G dont les impacts sont vingt fois plus importants[54]. Autant que possible, il est conseillé de garder ses documents, images et vidéos sur son ordinateur, car écouter sa musique sur son ordinateur est moins polluant que sur le Cloud.

Chacun se pose souvent la question : dois-je imprimer un document ou le stocker sur mon ordinateur ? L'impression devient écologiquement intéressante lorsqu'on doit garder longtemps le document.

Plusieurs personnes interrogées nous ont indiqué qu'effacer ses mails n'est pas forcément le geste le plus essentiel. N'oublions pas tout de même que l'envoi d'un courrier électronique à une personne équivaut à la consommation d'une ampoule de 60 watts pendant vingt-cinq minutes[55] et que son stockage n'est pas négligeable.

Pour parvenir à la sobriété numérique, la liste des conseils pourrait être très longue et devenir un casse-tête pour les utilisateurs. Au cours de notre enquête, un sujet est revenu à plusieurs reprises, au-delà de ces pratiques nécessaires : celui de l'indispensable dénumérisation. « Attention à ne pas faire de la sobriété numérique pour pouvoir faire plus de numérique, prévient Françoise Berthoud. Il me semble que si nous n'étions pas dans une société de consommation, le numérique se limiterait automatiquement. [...] Nous avons bien envoyé des ordinateurs dans les satellites, dans des conditions extrêmes où ils doivent fonctionner pendant dix ou vingt ans. On sait le faire, mais ce n'est pas commercial. »

Aujourd'hui, la pandémie de la Covid-19 a considérablement accéléré la numérisation du monde. Et pourtant, construire un autre numérique moins envahissant, plus sobre, loin de la publicité ciblée et des Gafam, serait *le* défi de nos sociétés. Un numérique dont les utilisateurs seraient autonomes et où les réseaux de neurones ne seraient plus utilisés à l'envi, mais par quelques secteurs justifiés.

Enquêter sur le numérique ne nous éloigne pas du sujet central de ce livre : l'intelligence artificielle. Réduire considérablement notre dépendance au numérique et en développer un plus sobre et plus libre serait justement la solution, à l'opposé de la logique actuelle du numérique : la multiplication des programmes d'intelligence artificielle à tous les pans de notre société, qui encourage l'opacité et la complication du monde. Voici un tour d'horizon de quelques solutions déjà proposées par la société civile un peu partout dans le monde.

NEUVIÈME PARTIE

Pour un numérique moins envahissant, plus sobre et plus libre

Ingénieur, président cofondateur de Neutral-it, Christophe Perron a commencé à expérimenter ses chaudières numériques dans son garage. Aujourd'hui, il définit lui-même sa société comme une entreprise européenne de décarbonation du digital.

La sobriété numérique

Christophe Perron a mis au point des *data centers* vertueux. Les serveurs informatiques fonctionnent à l'intérieur d'une chaudière numérique qui produit de la chaleur renouvelable. « Je récupère 96 % de l'énergie électrique, affirme-t-il. Cette énergie est transformée en chaleur pour pouvoir la valoriser et produire de l'eau chaude sanitaire ou chauffer des piscines. Non seulement mon système récupère, mais il ne nécessite pas de climatisation, contrairement aux autres *data centers*. Nous avons, par exemple, un très beau *data center* à Nantes qui chauffe l'eau sanitaire d'un immeuble résidentiel. »

Aujourd'hui, son entreprise a une dizaine de *data centers* en France et en Suisse. Ces *data centers* sont dix à trente fois plus petits que les centres de données moyens en France. Ils peuvent être installés dans le bas d'un immeuble. Ils ne nécessitent que quelques mètres carrés, l'équivalent d'une place de parking. « Contrairement à ceux qui font du *greenwashing* en plantant des arbres pour compenser le carbone, nous sommes carbonégatifs, insiste Christophe Perron. Nous choisissons des serveurs de seconde main. Nous faisons plus que doubler la durée de vie des serveurs et nous intégrons nos infrastructures au sein d'immeubles qui ont besoin de chaleur. »

▸ Ingénieur, **Christophe Perron**, cofondateur de Neutral-it, a commencé à travailler sur les chaudières numériques en 2012.

Sa solution permet de réduire considérablement l'impact environnemental par rapport à un *data center* standard : une réduction de 113 % des émissions de gaz à effet de serre, de 35 % de la consommation d'eau et de 49 % de l'épuisement des ressources naturelles. Le coût opérationnel est 20 à 30 % moins élevé. « Nous nous installons dans les lieux existants, précise Christophe Perron. Nous utilisons des serveurs qui coûtent dix fois moins cher que des serveurs neufs. Nous n'utilisons pas de climatisation, ce qui nous permet d'utiliser plus de deux fois moins d'électricité qu'un *data center* standard. »

On pourrait imaginer de généraliser ce type d'équipements dans des immeubles réhabilités ou dans des bâtiments écologiques. « Le principal frein à l'adoption de cette solution est l'aspect sécuritaire, regrette Christophe Perron. Dans l'imaginaire, mettre des *data centers* en chaufferie de bâtiment, notamment pour les bailleurs sociaux, est hyper risqué, alors que concrètement ça ne l'est pas. Aujourd'hui, les données sont chiffrées et illisibles. Elles ne sont même pas exploitées sur nos serveurs. Je pense que le risque est plus important d'opter pour des serveurs Gafa. »

Cette innovation fait partie d'un mouvement plus large, les low-tech. Par opposition aux high-tech, grandes utilisatrices d'intelligence artificielle, les low-tech prennent en compte la fabrication et l'utilité d'un objet. Voici la définition proposée par La Fabrique écologique : « Les low-tech, par opposition aux high-tech, sont une démarche visant, dans une optique de durabilité, à questionner nos besoins réels et développer des solutions aussi faiblement "technologisées" que possible, minimisant l'énergie requise à la production et à l'usage, utilisant le moins possible de ressources et matériaux rares, n'infligeant pas de coûts cachés à la collectivité. Elles sont basées sur des techniques les plus simples possible, les moins dépendantes possible des ressources non renouvelables, sur des produits réparables et maintenables dans la durée, facilitant l'économie circulaire, la réutilisation et le recyclage, s'appuyant sur les savoirs et le travail humains dignes. Cette démarche n'est pas seulement technologique, mais aussi systémique. Elle vise à remettre en cause les modèles économiques, organisationnels, sociaux, culturels. À ce titre, elle est plus large que l'écoconception[1]. »

Cette démarche encourage l'autonomie, avec le développement des *repair cafés* ou des recycleries. « Dans le principe des low-tech, nous sommes plutôt en faveur de minimiser les outils numériques afin de ne pas complexifier davantage la technique, précise Arthur Keller, spécialiste des low-tech. Par exemple, dès qu'on informatise une voiture, on la complexifie. »

▸ Ingénieur en aérospatiale, **Arthur Keller** est conférencier-consultant expert des vulnérabilités et de la résilience des sociétés modernes.

Le low-tech nécessite parfois de larges investissements en recherche et développement afin d'être écologique et de proposer des solutions simples. À ce titre, il peut se distinguer du low-cost. « *Low-tech* signifie : parvenir à trouver le meilleur compromis en termes de performances et d'impacts environnementaux, souligne Arthur Keller. Il est nécessaire de changer radicalement de modèle, y compris de modèle économique. Chacun devrait pouvoir réparer sa machine facilement et remplacer les pièces. »

Souvent dépourvus, les pays du Sud sont très inventifs en matière d'innovations frugales. L'Occident pourrait s'inspirer de nombreuses innovations peu coûteuses et écologiquement intéressantes. Ingénieur informaticien, Gildas Guiella a fondé WakatLab au Burkina Faso, une structure composée de plusieurs *fablabs**. L'un des objectifs de cette association est de proposer des formations aux jeunes. Dans ces *fablabs*, on trouve également des équipements mutualisés et un espace de *coworking*. En 2019, deux mille cinq cents élèves ont été initiés à l'informatique et au montage de Jerry, un ordinateur conçu à partir de composants informatiques de réemploi assemblés dans un bidon et à base de logiciels libres et de systèmes d'exploitation libres comme Linux. « Nous donnons une seconde vie à des ordinateurs, explique Gildas Guiella. Le continent africain reçoit des déchets numériques du monde entier. La majeure partie des Jerry que nous construisons le sont à partir d'ordinateurs qui ne fonctionnent même plus. Nous leur donnons une seconde vie en permettant en même temps aux jeunes et aux enfants des écoles primaires, surtout publiques, d'avoir accès à l'outil informatique. Ils apprennent à construire leur propre ordinateur. Construire son ordinateur le démystifie. Les enfants se mettent dans la peau d'un constructeur. »

▸ **Gildas Guiella**, ingénieur, est passionné par l'informatique et l'électronique. Il a fondé le WakatLab au Burkina Faso. « Dans notre pays, nous sommes dans l'obligation de créer de l'informatique sobre et à base de logiciels libres, souligne-t-il. Peu de personnes ont la capacité d'acheter des ordinateurs neufs. La récupération et le recyclage sont vraiment adaptés à nos pays. » Ce témoignage a été recueilli par la journaliste Fanny Noaro-Kabré pour « Carnets d'alerte ».

En France, on compte près de quatre cents *fablabs*. Difficile de donner une définition précise de ces lieux. Ces structures proposent de mutualiser des outils, parfois pilotés par ordinateur, pour la conception d'objets. Les échanges de savoir-faire sont légion. Mais, contrairement aux *repair cafés* ou aux recycleries, ces lieux ne sont pas tous en faveur d'une sobriété numérique. Certains peuvent même être très high-tech. Tout dépend de la philosophie des fondateurs. « Ce sont des lieux d'accès à des outils et à des compétences, explique Antonin Fournier, *fabmanager* au Simplon Lab. Les *fablabs* regroupent des communautés de personnes qui travaillent ensemble et partagent leurs ressources. Cela apprend à être autonome et à ouvrir la "boîte noire" des diverses technologies. Dans notre *fablab*, nous utilisons au maximum des matériaux de réemploi, du carton… Nous avons des ordinateurs de basse consommation. Certes, nous avons une découpe laser et une imprimante 3D, ces machines ne sont pas très low-tech. Mais nous sommes alimentés par Énercoop, un fournisseur français d'électricité d'origine renouvelable, et nous avons des projets autour du réemploi de pièces électroniques. »

▸ **Antonin Fournier** gère un *fablab* dans le XXe arrondissement de Paris. Ce *fablab* appartient à l'entreprise sociale et solidaire Simplon.co, qui a formé gratuitement près de dix mille personnes à travers le monde depuis 2013. Leviers d'ascenseur social, ces formations numériques permettent, entre autres, de réduire le chômage.

Dans ces *fablabs* et parmi les partisans d'une informatique dont les utilisateurs soient autonomes, un petit ordinateur a beaucoup de succès : le Raspberry Pi. Il a été créé par des universitaires anglais en 2006 afin d'enseigner à leurs étudiants à coder, et plus généralement à connaître l'informatique. Géré par une fondation, cet ordinateur de la taille d'une carte de crédit est un véritable couteau suisse. « Nous pouvons regarder la télévision, YouTube, jouer à des jeux vidéo anciens… Le Raspberry Pi peut gérer votre propre *cloud*, avec vos photos et autres documents, indique François Mocq, auteur d'un blog sur cet ordinateur. Il fonctionne en remplacement d'un ordinateur d'entrée de gamme. Pour les adeptes de jeux vidéo ou ceux qui réalisent des montages vidéo, le Raspberry Pi est moins adapté. » Son coût est peu élevé : une quarantaine d'euros. Avec 30 millions de vente, c'est le troisième ordinateur le plus vendu de tous les temps. 30 % des ventes concernent les entreprises. « La SNCF réalise nombre de contrôles avec cet ordinateur pour prendre des mesures dans les tunnels, par exemple, ajoute François Mocq. Michelin s'en sert également pour mesurer la qualité de l'air. » Autre avantage : cet ordinateur consomme plus de dix fois moins d'électricité qu'un ordinateur classique.

Difficilement réparable, il n'est pas complètement low-tech, mais il peut permettre une utilisation plus sobre du numérique. « Le Raspberry Pi est en quelque sorte le symbole d'un autre numérique, plus autonome, note François Mocq. Composé d'un petit nombre de composants, il est moins consommateur de métaux. »

▸ Formateur en informatique pour adultes à la retraite, **François Mocq** a créé un blog sur le Raspberry Pi, www.framboise314.fr. « L'un des objectifs du blog est de créer une communauté qui permette de répertorier tous les usages possibles de cet ordinateur », précise-t-il.

Le monde du libre

« Lorsque l'on parle du logiciel libre, ce n'est pas seulement le logiciel qui est libre, mais l'individu et l'utilisateur, insiste Tristan Nitot. Le numérique frugal et sobre implique de l'autonomie et la capacité de réparer soi-même les équipements informatiques. Le monde de la sobriété numérique et celui du numérique libre vont de pair. »

Lors de notre enquête, nous avons pu en effet constater que ceux qui militent pour une informatique libre, loin des Gafam, pouvaient se retrouver avec ceux qui souhaitent un numérique plus sobre. Des liens entre ces deux univers sont en train de se mettre en place.

Cela n'a pas toujours été le cas. Plusieurs spécialistes interrogés ont rappelé que les Gafam d'aujourd'hui sont souvent le produit de ce monde informatique issu de la contreculture, qui a cru à un monde davantage décentralisé et horizontal où l'informatique pourrait servir d'intermédiaire et permettrait l'élaboration d'une société meilleure. Google utilise d'ailleurs de multiples logiciels libres. Afin de se construire plus librement, le numérique alternatif a dû couper ses liens avec ces multinationales devenues très puissantes. Et, même pour les fins connaisseurs d'informatique, cela n'a pas été si simple.

Framasoft est une association de promotion du logiciel libre qui utilisait jusqu'en 2013 les services de Google (mail, doc, agenda…). Face notamment à la montée en puissance de la publicité ciblée et de la marchandisation de nos données, cette association lance en 2014 une campagne « Dégooglisez votre Internet ». Cependant, dégoogliser Framasoft a déjà demandé du temps et du savoir-faire. « Nous n'aurions pas été crédibles et cohérents de tenir ce discours si nous n'étions pas nous-mêmes sortis de ces outils, précise Pierre-Yves Gosset. Aujourd'hui, nos mails Framasoft sont gérés sur des machines Framasoft par des salariés Framasoft. Avec Google, ces services fonctionnent tout de suite sans se poser de questions. Nous nous sommes dégooglisés service par service : les mails, les listes de discussion, puis les agendas… Il nous a fallu six mois pour réaliser ces changements, malgré nos compétences. Nous nous sommes donc demandé : comment les autres personnes vont-elles faire ? Les logiciels libres qui permettent de se dégoogliser existent et ils sont plutôt bons. Par contre, il y avait un chaînon manquant : les structures qui proposent ces logiciels libres de façon accessible. »

Progressivement, Framasoft a donc proposé ces services. Aujourd'hui, il en propose une trentaine. Ces services n'utilisent pas les recettes de l'économie de l'attention. Framasoft choisit des interfaces plus sobres. Comme avec les services de Google, l'utilisateur n'est pas obligé de télécharger le logiciel pour en bénéficier, il utilise les services gérés par Framasoft. « Prenons l'exemple de l'alternative à Google Docs, Framapad. Elle repose sur un logiciel libre, un outil de rédaction collaborative qui n'a pas été créé par Framasoft, explique Pierre-Yves Gosset. Mais nous l'avons installé sur des serveurs. Nos salariés maintiennent ce service de façon totalement gratuite, avec l'assurance et l'engagement de ne pas utiliser vos données et de ne pas faire de publicité. » Aujourd'hui, le site web Framasoft reçoit un million de visiteurs par mois. L'association a une cinquantaine de serveurs afin d'abriter les services proposés. Mais « libre » ne signifie pas « gratuit », précise Pierre-Yves Gosset : l'association fonctionne grâce aux dons.

▸ **Pierre-Yves Gosset** est délégué général et codirecteur de Framasoft, une association d'éducation populaire aux enjeux du numérique qui propose des services, un annuaire des logiciels libres, des conférences…

Pour ne pas atteindre une taille trop importante et devenir le « Google du libre », Framasoft sème d'autres structures. L'association a lancé les Chatons (Collectif des hébergeurs alternatifs, transparents, ouverts, neutres et solidaires). Ce collectif rassemble quatre-vingt-dix organisations proposant des services en ligne libres, éthiques et décentralisés, avec une charte allant du respect des données à une taille maximum pour les serveurs, afin d'œuvrer à la sobriété numérique. « Les Chatons sont les Amap [associations pour le maintien d'une agriculture paysanne] du numérique », précise Pierre-Yves Gosset.

Benjamin Bayart, coprésident de la Fédération des fournisseurs d'accès à Internet associatif (FDN), suggère le même type de comparaison et met en parallèle les fournisseurs d'accès à Internet associatif et le petit paysan face à la Ferme des mille vaches. La société civile a créé à chaque étape nécessaire au fonctionnement de l'informatique, un numérique alternatif. Pour bénéficier d'Internet, nous ne sommes pas obligés de passer par Orange, Bouygues, SFR ou Free. La FDN ne possède pas ses propres infrastructures mais loue les services comme l'ADSL à des opérateurs. Puis, l'association attribue l'adresse IP et achemine le trafic sans filtrage ni surveillance.

« Il existe des milliers de fournisseurs d'accès à Internet en France, dont l'immense majorité s'adresse aux entreprises, rappelle Benjamin Bayart. Au sein de notre fédération, il y a une trentaine d'associations. Dans certains endroits, nous fabriquons directement le réseau, là où l'ADSL est de trop mauvaise qualité et où la fibre optique ne sera pas installée avant des années. Nous pouvons par exemple déployer du réseau Wi-Fi au sein de zones grises ou blanches. [...] Une grande caractéristique de nos associations est que certains de nos adhérents acquièrent des compétences sur le fonctionnement des réseaux. Plus personne ne sait comment ils marchent en France, c'est embêtant ! Je trouve que la connaissance de ces réseaux est fondamentale. »

Ce numérique alternatif rappelle, au même titre que la pollution du numérique, toute la matérialité nécessaire au fonctionnement de nos ordinateurs et autres smartphones. « Lorsque nous faisons de la sensibilisation à la toxicité des Gafam, nous sensibilisons à la plomberie d'Internet, indique Pierre-Yves Gosset. Ces entreprises nous vendent un numérique qui est mis à distance. »

« J'aime beaucoup l'expression *cloud computing* ("informatique en nuage") – je dis "beaucoup" par dérision –, parce que le *cloud computing* est une nébuleuse, un brouillard, décrypte Jean-Christophe Becquet, vice-président de l'association April. Certains acteurs voudraient qu'on en sache le moins possible, qu'on se contente de ce flou, alors qu'à mon avis la bonne démarche à adopter est exactement à l'inverse. »

▸ **Jean-Christophe Becquet** est vice-président d'April, une association qui promeut et défend le logiciel libre. Il est également directeur d'Apitux, structure spécialisée dans la formation et le conseil en informatique libre.

La plupart des acteurs de ce numérique alternatif ont insisté sur l'importance de l'éducation populaire dès l'école. Certains reprochent à l'Éducation nationale de faire entrer les multinationales du numérique au sein des établissements scolaires, au lieu de privilégier le monde de l'informatique libre. « Le mot que j'aime en matière d'éducation populaire est "émancipation", explique Jean-Christophe Becquet. Le logiciel libre est un logiciel choisi, sur lequel on peut avoir la maîtrise, jusqu'à pouvoir comprendre comment il fonctionne de l'intérieur si on le souhaite. [...] Aujourd'hui, l'informatique est à l'école, à la maison, on l'emploie pour les loisirs, pour les formalités administratives, pour prendre rendez-vous chez le médecin... L'idée défendue par le logiciel libre est d'arrêter de subir cette informatique et de se réapproprier l'outil. Cette reprise en main suppose en effet un effort de formation, d'apprentissage et de curiosité. Je pense que l'école pourrait s'emparer de ces outils-là. D'ailleurs, avec certains enseignants pionniers, elle le fait déjà. »

Le monde du libre regroupe de nombreuses initiatives. Notre liste est loin d'être exhaustive. Mentionnons par exemple l'alternative à Twitter, Mastodon, ce réseau social qui a déjà mis en place l'interopérabilité[2] préconisée par nombre de spécialistes, ou encore PeerTube, alternative à YouTube. La société civile regorge de solutions pertinentes afin d'améliorer les infrastructures informatiques et la façon dont le web est organisé. Souvent décentralisées, ces propositions permettraient peut-être d'avoir accès à un contenu consulté plus diversifié. Aujourd'hui, malgré la masse d'informations, 1 % des contenus capte plus de 90 % de l'attention des internautes, et 30 % des contenus sont vus occasionnellement[3].

Une réduction rigoureuse de nos usages

Selon une partie des personnes interrogées, cette informatique libre, loin des Gafam et de la publicité ciblée, engendrerait un numérique sobre, beaucoup moins envahissant et ne poussant pas à davantage de consommation, et donc de pollution. Le numérique actuel serait le résultat de notre société consumériste.

Pour d'autres, au contraire, le problème viendrait de l'outil lui-même, fruit de notre société centrée sur le PIB et obsédée par l'efficacité. Ces outils informatiques généreraient inévitablement les dérives actuelles. Espérer les contenir avec de multiples lois et réglementations serait illusoire. Un autre numérique, plus libre et sobre, pourrait servir d'excuse pour continuer la numérisation du monde à outrance.

La plupart se sont retrouvés sur le fait que l'outil informatique, nous l'avons montré[4], n'est évidemment pas neutre. Mathématiser, coder, informatiser rigidifie, simplifie le réel et même renforce les discriminations et l'opacité. Ce langage écrit est loin d'être compris par l'ensemble de la population.

« Les outils numériques deviennent le système de représentation qui nous permet de penser le monde et de nous penser nous-mêmes, ainsi que les relations avec les autres, analyse Nicolas Alep, coauteur de *Contre l'alternumérisme*. [...] Le problème, entre autres, est que s'approprier la technique demanderait au préalable de nous en extraire un tant soit peu, de prendre du recul vis-à-vis d'elle. L'urgence n'est pas "un meilleur numérique", mais moins de numérique. » « Vivre en 2007, ce n'est pas vivre comme en 1950, l'ordinateur *en plus*, mais vivre *dans le monde de l'ordinateur* », écrit l'association Pièces et Main d'Œuvre[5].

▸ **Nicolas Alep** est formateur en informatique. « Ce n'est pas une situation forcément très pérenne à long terme, confie-t-il. Mais j'avais le choix entre être formateur ou mettre des packs d'eau en rayons à Lidl... » Il est également membre de TECHNOlogos, une association qui alerte sur les conséquences de la prévalence de la technique au sein de nos sociétés.

Il n'est pas toujours facile de trancher entre ces deux causalités : les usages de l'outil et l'outil en lui-même. Elles peuvent d'ailleurs s'entremêler. « Il me semble que le système dans lequel on incorpore un outil fait qu'ensuite il est façonné par des personnes en situation de pouvoir et qui s'en saisissent à leur fin, décrypte Félix Tréguer. Ce n'est pas tant le problème de l'outil, même s'il y a des aspects dans l'essence même de l'informatique qu'il faudrait questionner. En tant que technologie bureaucratique, l'informatique, dans son histoire, a surtout aidé à faire des calculs et à augmenter l'efficacité. Il y avait, en effet, un ver dans la pomme. Je pense qu'on peut le dire. »

« Je sais qu'il existe un usage émancipateur du numérique, poursuit Benjamin Bayart. Ce qui m'intéresse, c'est de vivre dans une société où l'usage émancipateur est mis en avant et où les mauvais usages sont réduits autant que possible. Y a-t-il trop de numérique ? Nous utilisons beaucoup de numérique afin d'opprimer, c'est cela le véritable problème ! »

Selon Pierre-Yves Gosset, de Framasoft, le numérique pourrait devenir un outil convivial selon les critères d'Ivan Illich, penseur de l'écologie politique : « L'outil est *convivial* dans la mesure où chacun peut l'utiliser, sans difficulté, aussi souvent ou aussi rarement qu'il le désire, à des fins qu'il détermine lui-même, écrivait Illich. L'usage que chacun en fait n'empiète pas sur la liberté d'autrui d'en faire autant. Personne n'a besoin d'un diplôme pour avoir le droit de s'en servir ; on peut le prendre ou non. Entre l'homme et le monde, il est conducteur de sens, traducteur d'intentionnalité[6]. » L'association essaie de respecter ces critères en développant ses services numériques. Au-delà du logiciel libre, Pierre-Yves Gosset explique que Framasoft a créé du lien : « Nous avons travaillé avec le mouvement Colibris afin d'étudier la compostabilité de Framasoft. Nous nous sommes demandé : que resterait-il de Framasoft dans l'hypothèse où il n'y aurait plus d'électricité ou d'ordinateurs ? Je suis plutôt content du résultat. Nous avons mis des personnes en relation. Elles peuvent travailler ensemble et coopérer avec des valeurs qu'elles pourront reproduire, même dans un monde où il n'y aurait plus d'électricité. »

Même si le curseur de la diminution de l'informatique est propre à chacun, presque toutes les personnes interrogées se sont rejointes sur le fait qu'il importait de réduire nos usages numériques et de changer de finalité. Nous l'avons démontré tout au long de cette enquête, l'intelligence artificielle, qui s'insinue dans tous les pans de notre société, nous pousse à l'opposé de cette préconisation et élargit tous les jours un peu plus la numérisation du monde. Les programmes d'IA utilisés au quotidien réduisent notre autonomie et notre compréhension des outils utilisés. Aujourd'hui, il est très difficile d'échapper à ces outils informatiques.

Pour réaliser cette enquête, en pleine crise de la Covid-19, nous nous sommes servis d'Internet, nous avons parfois réalisé des interviews en visioconférence et même utilisé un programme d'IA qui facilite le travail de retranscription des entretiens oraux[7]. « On peut se couper du numérique à titre individuel, au prix de sacrifices qui vont jusqu'à se mettre complètement en marge de la société, indique Nicolas Alep. Mais si l'on veut continuer à vivre avec ses contemporains, on est obligé de payer ses impôts en ligne… On est obligé d'en faire partie. […] Je ne me revendique pas dans une position de pureté ayant échappé à ces outils. Je suis aliéné. Je me débats comme quelqu'un qui se noie. »

Aujourd'hui, nous investissons des milliards d'euros[8] dans l'intelligence artificielle, sans réfléchir aux risques écologiques et sociaux de ces technologies. Ne vaudrait-il pas mieux investir cet argent dans d'autres secteurs plus utiles ? Jusqu'où et dans quels objectifs nos usages de l'IA doivent-ils se diriger ? Dans quels secteurs pourrait-elle être bénéfique ? Nous avons remarqué qu'elle est souvent plus utile dans le cas d'usages très précis, plutôt que pour des solutions globales. Quels usages de l'informatique faudrait-il limiter pour des raisons écologiques ? Ces décisions devraient résulter de débats sociétaux.

Cette fuite en avant technologique résulte de notre mode de vie hors-sol, déconnecté de la terre, loin des problématiques environnementales. « Il faut dénumériser nos vies là où cela est possible, insiste Émile Meunier. On parle beaucoup de résilience. Si demain, à la suite d'un choc, nous avons les pieds et les mains liés par des logiciels d'intelligence artificielle, nous ne saurons même plus faire pousser des choux-fleurs… »

Aujourd'hui, en Occident, plus de personnes travaillent devant leur ordinateur que les mains dans la terre. Or, nous l'avons montré dans notre carnet d'alerte *Vivre mieux sans croissance*, la mise en place de modes de vie respectueux de la terre et de l'humain implique par exemple de généraliser l'agroécologie en France. L'emploi agricole augmenterait d'environ 30 %[9]. Dans le monde actuel, limiter les usages numériques et changer la finalité du numérique est loin d'être simple, d'autant plus que les États entretiennent des relations particulièrement proches avec les multinationales de la technologie. Cette croyance en une technologie panacée à tous nos maux est particulièrement ancrée dans nos sociétés.

Conclusion

Après plus d'un an d'investigation et plus de quatre-vingts personnes interrogées aux quatre coins du monde, nous pouvons l'affirmer : notre société, nourrie de nombreux récits de science-fiction, surestime les performances de l'IA. Des programmes parfois inefficaces ont de multiples effets néfastes : indiscrétion généralisée, surveillance de masse, renforcement des inégalités, consommation à outrance, captation de l'attention, polarisation des débats, rigidification de la société, complication et opacité des échanges, pollution...

Au cours de cette enquête, de multiples similitudes sont apparues avec celle que nous avons menée sur les excès de la finance[1]. Dans ce domaine, comme souvent, le secteur de la finance a été précurseur, initiant un mouvement qui se généralise au sein des sociétés occidentales.

Dans les débats médiatiques, la problématique de l'IA, régulièrement dissociée des sujets environnementaux, se limite souvent aux enjeux sociétaux. Cependant, ces deux secteurs sont intimement liés.

Et s'il y a bien un domaine aujourd'hui où il est difficile d'être totalement cohérent, c'est bien celui du numérique. Certains parviennent à manger bio en dehors de la grande distribution, d'autres privilégient la finance solidaire, ou encore réduisent leur consommation. Mais il faut admettre qu'il est particulièrement ardu de réduire et de changer ses usages numériques, tant ils sont devenus omniprésents dans notre société. Et pourtant, en France, les initiatives autour du numérique libre et de la nécessaire sobriété sont particulièrement fertiles et nombreuses en comparaison d'autres pays, tout comme les débats de la société civile. Reste à les semer, les multiplier et les généraliser.

Chiffres clés

• Plus de la moitié des entreprises auraient déjà mis en place des outils d'intelligence artificielle.

• 44 % des start-up d'intelligence artificielle n'utiliseraient pas d'IA dans leurs solutions, alors qu'elles le prétendent.

• En 2020, les Gafam pesaient près de 25 % de la valeur du S&P 500, indice boursier américain phare regroupant 500 sociétés.

• En 2019, 325 milliards de dollars on été dépensés dans la publicité numérique dans le monde.

• En France, sur Internet, 89 % des recettes publicitaires sont automatisées.

• Les recettes publicitaires des journaux sur support papier ont baissé de 71 % entre 2000 et 2017.

• Seuls 40 % de l'investissement publicitaire des annonceurs reviennent aux sites d'informations.

• En 2019, en France, Google et Facebook se sont partagé 75,8 % du marché de la publicité en ligne, soit environ 4,4 milliards d'euros.

• Près de 176 millions de caméras de surveillance ont été installées en Chine.

• Les *fake news* ont environ 2 fois plus de chances d'être relayées sur Twitter et le sont 6 fois plus rapidement.

• Environ 80 % de nos contacts sur Twitter et Facebook pensent de la même manière que nous et ont les mêmes goûts.

• Concernant la reconnaissance faciale, les taux d'erreur sont 10 à 100 fois plus élevés pour les personnes originaires d'Afrique et d'Asie de l'Est.

• Le numérique est responsable d'environ 4 % des émissions mondiales de gaz à effet de serre.

• Si le numérique était un pays, il aurait 2 à 3 fois l'empreinte de la France.

• En France, la fabrication des équipements des utilisateurs représente 76 % des émissions de gaz à effet de serre du numérique et 86 % de l'eau consommée par le numérique.

• Pour produire un ordinateur de 2 kg, 600 kg de matières premières sont nécessaires.

• Pour accéder aux métaux nécessaires aux équipements numériques en France, 4 milliards de tonnes de terres sont extraites chaque année.

• L'indium pourrait connaître des problèmes d'approvisionnement dès 2030-2035.

• Dans le monde, seuls 17,4 % des déchets électroniques sont collectés et recyclés.

• Les Européens sont 78 % à posséder un ordinateur chez eux, contre seulement 10,7 % des Africains

• L'entraînement du programme d'IA le plus couramment utilisé émet 652 kg d'équivalent CO_2, soit environ un aller Paris-Hong Kong en avion.

Entretien avec Pierre Rabhi

Juliette Duquesne : *Nous avons choisi ensemble la thématique de l'intelligence artificielle. Pourtant, ce sujet peut paraître très éloigné de l'agroécologie. Pourquoi avez-vous voulu consacrer un carnet d'alerte à l'intelligence artificielle ?*

Pierre Rabhi : L'intelligence artificielle est effectivement très éloignée de mes sujets de prédilection, dont nous avons traité dans les précédents carnets sur l'eau ou les semences. Il est impossible de se passer de semences et d'eau. On ne peut pas arrêter de manger ou de boire. En revanche, on peut parfaitement ne plus utiliser d'ordinateurs. Si ce sujet m'intéresse cependant, c'est qu'il s'agit d'un phénomène qui, à mon avis, atteint à l'intégrité du cerveau lui-même. Aujourd'hui, les instruments sont de plus en plus nombreux à se substituer à la fonction du cerveau. Ces outils artificiels sont en train de prendre le pouvoir de façon insidieuse, comme expliqué dans cette enquête.

Ce sujet est également lié à une autre thématique que je récuse, à savoir la croissance indéfinie. Nous cherchons en vain des solutions pour augmenter toujours le PIB de nos nations. Certains pensent que les technologies sont un moyen de toujours croître, sans se soucier des limites des ressources de notre belle planète. Cette erreur risque d'avoir de lourdes conséquences sur notre survie, ainsi que sur la faune et la flore.

— *Vous n'utilisez ni Internet ni l'ordinateur. Vous possédez un téléphone classique, sans accès à Internet. Pourquoi rester éloigné de ces technologies ?*

— Tout d'abord, ces outils ne sont pas de ma génération. Et puis, je ne m'en sers pas car je pressens tout ce que ces instruments de communication engendrent. Nous sommes en train de dénaturer le terme « communication » et d'oublier qu'il implique la relation. La communication ne relève pas que d'un ordre rationnel. Grâce à la communication et à la relation, on peut par exemple exprimer à autrui son amour. Dans ce cas, les mots feront vibrer notre corps, l'aspect subjectif qui nous compose, notre sensibilité, notre imaginaire. Nous vibrons grâce à la relation. Aujourd'hui, certains outils de communication nous coupent de ces sensations.

— *Une machine, même « intelligente », n'a pas de corps. Est-ce une différence fondamentale entre l'homme et la machine ?*

— Un corps est extrêmement intelligent. Il est en quelque sorte sous l'égide d'une forme d'intelligence de la vie elle-même. Lorsque je mange mon repas, il n'y a pas un bouton sur lequel appuyer afin de le digérer. Mon corps sait absolument ce qu'il doit faire. Il peut même exprimer et me faire savoir s'il est content ou non… Cet être profond, biologique, extrêmement concret, a un imaginaire et une sensibilité physiologique qui fonctionnent par leur propre intelligence. Grâce à cette sensibilité et à cet imaginaire, on fabrique des poètes, des musiciens. On ne fabrique pas de la poésie avec la rationalité. On sort même de la rationalité, qui est de l'ordre de la mécanicité de la vie, pour aller vers quelque chose qui est de l'ordre de l'exaltation, de la transcendance. Toutes ces spécificités humaines sont très éloignées des machines. La machine est tout à fait froide, sans corps ni états d'âme. L'intelligence artificielle a besoin d'électricité pour fonctionner. L'être humain est relié à l'air pour respirer, à la terre pour se nourrir, à l'eau pour s'abreuver et à bien d'autres phénomènes subtils.

— *Nous avons consacré une partie de cette enquête à la publicité ciblée, à toute cette économie de l'attention. Je sais que vous êtes très critique à l'endroit de la publicité et de notre société qui cultive l'insatiabilité. Aujourd'hui, cette publicité est de plus en plus intrusive. Toutes les astuces sont bonnes pour capter notre attention et nous faire rester des heures devant les écrans. Cette évolution vous inquiète-t-elle ?*

— Je suis particulièrement inquiet pour les enfants happés par les écrans. Cela me fait penser au serpent, qui a la capacité de fasciner sa proie. Ce faisant, il lui enlève toute capacité d'agir et de se mouvoir. Elle est dans l'incapacité de se libérer de cette fascination qui en fait progressivement une victime. Le même procédé est utilisé aujourd'hui avec le monde virtuel. Cela fait énormément de mal à l'espèce humaine.

Mis à part les instruments dont la fonction est de tuer, comme les bombes ou les armes, les outils pour faciliter la vie sont les bienvenus, dans la mesure où leurs usages ne deviennent pas excessifs. L'outil n'a ni âme ni intention. Il traduit la volonté de celui qui l'utilise. Et l'on peut s'inquiéter de certaines finalités du numérique aujourd'hui.

La société est devenue hors-sol. De nombreux humains sont confinés, au sens d'incarcérés, c'est-à-dire utilisés pour servir un modèle, celui de l'efficacité et du profit.

Je trouve qu'il est extrêmement dangereux de laisser les écrans accaparer l'enfant avant qu'il ait réalisé son initiation à la réalité tangible, au froid, au chaud, à la terre, au concret, tout ce qui intervient dans l'organisation de la vie. L'idéal serait que l'enfant évite les écrans tant qu'il n'a pas fait son initiation concrète. Si les écoles étaient plus intelligentes, elles seraient toutes équipées d'un jardinet et d'un atelier manuel dans lesquels l'enfant puisse développer ses facultés manuelles sans machine. Grâce au jardin, l'enfant s'initie aux miracles de la vie qui permet la vie.

Désormais, la part d'abstraction prend trop de place. Nous sommes en train de nous éloigner des lois de la vie avec l'excès de technologie, dans un contexte de plus en plus urbain. J'ai souvent recours à une métaphore sur la vie moderne qui incarcère les humains dans des boîtes. De la maternelle à l'université, nous sommes enfermés. Les jeunes appellent cela le bahut. Ensuite, tout le monde travaille dans des boîtes, grandes ou petites. Même pour s'amuser, nous allons en boîte, et on y va dans sa caisse. Il y a la boîte où on met les vieux en attendant la dernière boîte que chacun peut deviner, l'ultime boîte, réservée à tout le monde, sans aucune dérogation. L'ordinateur mal utilisé pourrait également être comparé à une boîte dans laquelle le cerveau est incarcéré.

Tout ce marché de la publicité pour finir par consommer des anxiolytiques et fuir vers toujours plus de divertissement n'a pas de sens.

L'Occident, qui prétend être en avance, a généralisé l'indiscrétion sur la vie intime. Nous sommes dans un jeu bizarre où nous titillons l'envie, l'insatiabilité, le besoin en oubliant que nous avons à manger, que nous sommes abrités et soignés, contrairement à la plus grande partie de nos semblables. Cette évolution était prévisible, mais je n'aurais pas pensé qu'on irait aussi loin. Des auteurs tels qu'Aldous Huxley, dans son remarquable ouvrage *Le Meilleur des mondes* (1932), ou Fairfield Osborn dans *La Planète au pillage* (1948), avaient pressenti ces évolutions technologiques et écologiques.

— *Vous pouvez être très critique envers le numérique. Pourtant, même si vous utilisez très peu ces outils, vous reconnaissez qu'une recherche sur le web peut permettre de trouver des informations intéressantes. N'y a-t-il pas de bénéfices à l'intelligence artificielle et plus généralement à l'informatique ?*

— Des dilemmes existent. Il serait dommage que l'être humain n'explore pas ses capacités d'innovation. Je le répète, c'est l'outrance des technologies qui est dangereuse, lorsque l'outil prend le pouvoir. Je n'ai jamais affirmé que nous devions tous nous priver d'ordinateurs. Il faudrait d'abord savoir, tout simplement, ce que nous voulons faire de la vie. Dans quelle finalité créer et utiliser ces outils ? Dans l'idéal, les êtres humains auraient dû se demander ce qu'ils veulent faire de la vie et créer les outils pour les aider à répondre à accomplir leurs aspirations. Aujourd'hui, le problème est que nous asservissons la vie au lieu de l'accomplir. Nous créons un esclavage déguisé afin de réaliser toujours plus de profit, de spéculer, de vendre et d'acheter.

— Dans l'enquête, nous montrons également que les algorithmes de prédiction et d'aide à la prise de décision ont envahi de nombreux pans de notre société. Comment analysez-vous cette tendance ?

— On ne se rend pas du tout compte que c'est la nature qui déterminera notre futur. Ce ne sont pas les hommes. La nature nous mettra des limites. Elle le fait déjà, d'ailleurs. Personne n'avait prévu la Covid-19, et regardez les conséquences. Nous aurons beau nous agiter, un virus ou une catastrophe naturelle peut nous éradiquer. Il faut rester modeste.

L'être humain veut tout contrôler. D'un côté, il se prend pour l'homme démiurge. De l'autre, l'homme est apeuré, inquiété par le futur. Il essaie, par tous les moyens, de se mettre en sécurité. Hélas, cette quête de la sécurité tourne au drame avec la fabrication d'armes. L'intelligence artificielle participe d'ailleurs à l'amélioration de ces armes.

— *Nos différentes enquêtes pour « Carnets d'alerte » ont souvent montré que certaines innovations ne fonctionnent pas, ou mal. Ainsi, les OGM peuvent avoir des effets néfastes sur les rendements et l'environnement, les innovations mathématiques ont pu complexifier et opacifier les marchés financiers, etc. Dans ce carnet, nous démontrons que certains algorithmes d'intelligence artificielle ne tiennent pas leurs promesses et ont des effets néfastes. Dès lors, pourquoi continuer à généraliser de telles innovations ?*

— Nous ne sollicitons pas l'intelligence réelle. Ces décisions proviennent de populations humaines de plus en plus hors-sol, de plus en plus concentrées dans les cités, à qui l'on demande d'agir de plus en plus rapidement et dans un minimum d'espace, loin des sources mêmes de l'énergie vitale que la nature détient. L'intelligence artificielle est le produit de l'artificialisation de l'ordre et de la vie. La numérisation et l'intelligence artificielle sont le résultat de ce monde hors-sol où l'on se réfugie devant les ordinateurs plus que dans la terre. Certaines applications de l'intelligence artificielle peuvent être intéressantes et même bénéfiques, mais, cette enquête le prouve, la plupart sont créées pour nous surveiller et nous pousser à consommer.

— *Au cours de nos différentes enquêtes pour « Carnets d'alerte », nous nous sommes rendu compte que l'être humain crée souvent des solutions très complexes pour résoudre des problèmes qu'il a lui-même engendrés, au lieu d'en supprimer la cause. Certains voudraient continuer cette fuite en avant technologique pour résoudre les problématiques environnementales, sans prendre en compte la matérialité et donc la pollution engendrée par ces outils. Nous avons souvent échangé sur ce point. Que vous inspire-t-il ?*

— Nous créons tant de complexité que notre société a créé des hyperspécialistes. Nous sommes souvent usagers d'outils dont la compréhension nous échappe, moi le premier. Combien de personnes peuvent dépanner leur ordinateur si la panne est vraiment sérieuse ? La spécialisation a conféré un magistère à ceux qui peuvent résoudre certains problèmes relatifs à la technologie.

L'intelligence artificielle crée des services qui nous rendent de plus en plus dépendants. Depuis des années, je prône absolument l'inverse. Il me semble nécessaire de valoriser l'autonomie et de revenir à plus de simplicité. Sans électricité, sans énergies fossiles ni ordinateurs, la société occidentale s'effondrerait. Cela met en évidence sa contingence et sa fragilité. Grâce à l'agroécologie, je valorise l'autonomie alimentaire au Nord et au

Sud. Ces techniques agricoles permettent de rendre les paysans moins dépendants et de réduire la faim dans le monde. J'ai également initié les Oasis, ces écolieux où l'on mutualise certains équipements et savoir-faire afin de créer des lieux respectueux de l'humain et de la terre, grâce à l'autonomie du collectif.

— Les scientifiques craignent que les catastrophes écologiques se multiplient au cours des prochaines décennies. De même, les transhumanistes pensent qu'en 2050 nous aurons créé une conscience artificielle, une IA forte. Que pensez- vous de cette concordance de dates ?

— Je le répète, la nature mettra les limites à toutes les outrances humaines. Nous ne sommes pas à l'abri de catastrophes écologiques. Je ne sais pas si cela arrivera, mais sans électricité, il n'y aura plus d'ordinateurs et plus d'intelligence artificielle.

Aujourd'hui, la machine et les outils modernes ont déjà pris le pouvoir d'une manière beaucoup plus dissimulée, comme l'enquête l'a démontré. Ces délires transhumanistes n'ont pour moi aucun intérêt. Ces personnes seront d'ailleurs parties à ce moment-là, la mort sera venue les chercher, comme tout le monde. Occupons-nous de cette merveilleuse planète avant d'aspirer à aller vivre sur Mars en dépensant des sommes absolument colossales, alors qu'elles pourraient être consacrées à la santé de la planète, aux initiatives de la réhabilitation de la vie telles que le reboisement des terres désertifiées, la sauvegarde du patrimoine semencier, de la biodiversité de la faune, de la flore ou de l'eau.

— *Le numérique engendre de nombreuses pollutions. Aujourd'hui, nous déployons le réseau 5G. Ceux qui se sont élevés contre la 5G ont été comparés aux Amish par le président de la République, Emmanuel Macron.*

— Je ne comprends pas cette fuite en avant. Pourquoi vouloir regarder une vidéo plus vite ? Pourquoi vouloir toujours accélérer ? La vie et la nature ont des cadences que nous ne pouvons pas précipiter. La vie est organisée selon des saisons et des rythmes. Depuis les origines, le ciel et même les étoiles se déplacent. Le Soleil a son propre rythme, comme la Lune. Pourquoi aller plus vite ? Notre constitution physique est elle-même équipée d'un métronome qu'on appelle le cœur.

— *Un point m'a beaucoup marquée au cours de cette enquête : la mathématisation du monde. Quelles peuvent être les conséquences de cette algorithmisation de la société, pour un amoureux des mots comme vous ?*

— Je veille à ce que le caractère poétique de la vie ne soit pas éteint en moi. Je tiens à l'admiration, à la beauté. J'y tiens absolument parce qu'elles me nourrissent tellement qu'elles m'apportent la joie d'exister et la joie de vivre. Chacun d'entre nous aspire à être dans la joie.

Cela me rappelle une anecdote. Lorsque j'étais jeune, à l'école, notre instituteur nous avait proposé un problème mathématique : une mère de famille se rend au marché, elle achète un kilogramme de poires, deux kilogrammes de pommes. On me demandait de calculer le prix de tel ou tel produit. Mais j'avais un défaut, j'imaginais cette mère de famille avec sa robe à fleurs. J'imaginais l'ambiance du marché. Je sentais toute la poétique du moment. Je suivais cette femme qui allait acheter ses légumes, parlait avec les autres clients, les commerçants. J'entendais même les bruits du marché. Cependant, j'entendais aussi l'instituteur qui me criait dessus : « On ne te demande pas d'être poète. On te demande d'être réaliste et de calculer. » Cependant, il est nécessaire de faire attention. Le réalisme poussé à l'extrême ne doit pas éradiquer la dimension poétique qui nous amène au cœur, au plus profond de notre âme. Elle nous donne véritablement la saveur de la vie.

— *Vous pouvez parfois être gagné par la lassitude. Les changements sont lents et les résistances puissantes, nous le constatons à chaque « Carnet d'alerte ». Comment garder espoir ?*

— À la fin de l'enquête, nous mettons en avant des initiatives intéressantes. Il faut les saluer et les soutenir. Ces initiatives de la société civile doivent être mises en place dans l'intention de créer une société bienveillante et conviviale.

Nous sommes, nous-mêmes, à l'origine de nombreuses structures, je les rappelais en introduction, notamment pour former à l'agroécologie au Nord comme au Sud.

Trop d'ordinateurs, c'est dangereux. Cependant, sans exclure les ordinateurs, il faut aussi revenir à la terre. De toute façon, soit nous le ferons par anticipation et intelligemment, soit nous serons obligés de le faire car pénuries et famines auront gagné la planète. Croire que le monde dit riche est à l'abri des famines est un leurre.

La lueur d'espoir se situe au sein de toutes ces initiatives de la société civile qui existent déjà et qui débordent d'intelligence humaine. Il faut renouer avec les puissances de la vie et sortir du hors-sol. Il y a la terre, les animaux, les arbres, toutes sortes de manifestations puissantes de la vie vers lesquelles il faut revenir.

Admirons, émerveillons-nous et prenons soin des terres et de la Terre. Les ferments d'une évolution positive d'une vie existent partout sur la planète. Il nous incombe de les propager. C'est dans cette espérance-là que nous continuons, tels des colibris, à éteindre l'incendie pour un monde meilleur.

Notes

L'intelligence artificielle, fille de l'aptitude humaine

1. Sipri Yearbook 2020, résumé en français, p. 10.
2. Jiddu Krishnamurti, *Se libérer du connu* (1969), Stock, 1977 ; Le Livre de Poche, 1995.
3. Pour en savoir plus : www.pierrerabhi.org
4. Pour en savoir plus : Pierre Rabhi, *L'Offrande au crépuscule*, Éditions de Candide, 1988 ; L'Harmattan, 2001, prix des Sciences sociales agricoles du ministère de l'Agriculture 1989.

Introduction

1. Raymond Perrault, Yoav Shoham, Erik Brynjolfsson, Jack Clark, John Etchemendy, Barbara Grosz, Terah Lyons, James Manyika, Saurabh Mishra, Juan Carlos Niebles, « The AI Index 2019 Annual Report », AI Index Steering Committee, Human-Centered AI Institute, Stanford University, 2019, p. 88.
2. MMC Ventures, *The State of AI 2019: Divergence*, www.stateofai2019.com, p. 99.
3. « IDC's Global DataSphere Forecast Shows Continued Steady Growth in the Creation and Consumption of Data », www.idc.com, 8 mai 2020.
4. Selon IDC, la pandémie de la Covid-19 a entravé la création de nouvelles données uniques, mais la consommation accrue de données répliquées a alimenté la croissance continue des données globales.

5. MMC Ventures, *op. cit.*, p. 8.
6. Il est difficile d'obtenir des chiffres très précis à ce sujet. Des études confirment cette tendance : Sam Ransbotham, Shervin Khodabandeh, David Kiron, François Candelon, Michael Chu, Burt LaFountain, « Expanding AI's Impact With Organizational Learning », *MIT Sloan Management Review and Boston Consulting Group*, 2020, p. 1 ; Tata Consultancy Services, « Les entreprises françaises sur la voie de l'intelligence artificielle », www.tcs.com, mars 2018 ; Chris Howard, Andy Rowsell-Jones, « Gartner 2019 CIO Survey : CIOs Have Awoken to the Importance of AI », www.gartner.com, 3 janvier 2019 (37 % des administrations et entreprises ont mis en place des outils d'intelligence artificielle).
7. Sam Ransbotham, Shervin Khodabandeh, *et al.*, *op. cit.*, p. 1.
8. Renaud Fossard, Olivier Petitjean, *Big Corpo. Encadrer la pub et l'influence des multinationales : un impératif écologique et démocratique*, rapport de synthèse SPIM (Système publicitaire et influence des multinationales), Les Amis de la Terre, 2020, https://sp-im.org, p. 8.
9. Les cinq multinationales ont atteint 25 % du S&P 500 au cours de l'année 2020. Le 13 décembre 2020, elles atteignaient 21 % sur zonebourse.com.
10. Les mots ou les expressions suivis d'un astérisque à leur première occurrence sont définis dans le lexique, p. 249.

I. L'IA, entre mythes et réalités

1. Nicolas Sabouret, *Comprendre l'intelligence artificielle*, Ellipses, 2019, p. 33.
2. Carl Benedikt Frey and Michael A. Osborne, *The Future of Employment : How Susceptible Are Jobs to Computerisation ?*, Publications Oxford Martin School, 2013, p. 1.
3. « Synthèses sur l'avenir du travail. Automatisation et travail indépendant dans une économie numérique », OCDE, 2016, p. 1.
4. Rapport de référence en vue de la réunion des ministres de l'Innovation du G7 sous la présidence canadienne, « Technologies transformatrices et emplois de l'avenir », 2018, p. 7.
5. Clément Le Ludec, Paola Tubaro, Antonio Casilli, « Combien de personnes micro-travaillent en France ? Estimer l'ampleur

d'une nouvelle forme de travail», Institut interdisciplinaire de l'innovation, février 2019, p. 4.
6. Pauline Barraud de Lagerie, Luc Sigalo Santo, Julien Gors, «Sur les plateformes de micro-tâches, les nouveaux piéçards et l'organisation de leur temps», *workshop* de l'ANR Worklife, 10-11 décembre 2020.
7. Paola Tubaro, Antonio Casilli, Marion Coville, «The Trainer, the Verifier, the Imitator: Three Ways in Which Human Platform Workers Support Artificial Intelligence», *Big Data & Society*, SAGE, 2020, p. 10.
8. *Ibid.*, p. 7.

II. L'intelligence artificielle au quotidien

1. Inserm, «Intelligence artificielle et santé, des algorithmes au service de la médecine», dossier réalisé en collaboration avec Jean Charlet, APHP et Laboratoire d'informatique médicale et ingénierie des connaissances pour l'e-santé (Limics, unité 1142 Inserm/Sorbonne université/Université Paris 13): www.inserm.fr/information-en-sante/dossiers-information/intelligence-artificielle-et-sante
2. Étude Ifop pour Facebook, 2 décembre 2020.
3. Diane Vavrichek, Larry Lewis, *Rethinking the Drone War: National Security, Legitimacy, and Civilian Casualties in U.S. Counterterrorism Operations*, Marine Corps University Press and CNA Publish, 2017, p. 33. Pour en savoir plus sur ces sujets: https://theintercept.com/drone-papers/
4. Mute Schimpf, *Digital Farming*, Friends of the Earth Europe, 2020, p. 5.
5. *Ibid.*
6. Voir huitième partie, p. 171.
7. Pierre Rabhi, Juliette Duquesne, *Pour en finir avec la faim dans le monde*, Carnets d'alerte, Presses du Châtelet, 2017.
8. Voir septième partie, p. 149.
9. Axys Consultant, intelligence artificielle et ressources humaines: la grande enquête, 2019, p. 3 (Enquête menée en France auprès de 128 DRH).
10. Voir septième partie, p. 149.

11. Pierre Rabhi, Juliette Duquesne, *Les Excès de la finance, ou l'art de la prédation légalisée*, Presses du Châtelet, 2017.
12. Dans le cadre de cette enquête, nous ne faisons pas toujours la distinction entre les algorithmes qui utilisent l'IA ou non. Nous analysons surtout les conséquences de l'algorithmisation et de la mathématisation, caractéristiques essentielles de l'IA.
13. Donnée obtenue auprès du service presse de l'Autorité des marchés financiers.
14. Ivar Ekeland, Jean-Charles Rochet, *Il faut taxer la spéculation financière*, Odile Jacob, 2020, p. 131.
15. Andriy Ahkilko, Konstantin Sokolov, « Every Cloud Has A Silver Lining : Fast Trading, Microwave Connectivity, and Trading Costs », *Journal of Finance*, vol. 75, Issue 6, 27 juillet 2020, p. 2899-2927.
16. Pierre Rabhi, Juliette Duquesne, *Les Excès de la finance*..., *op. cit.*

III. La publicité, un secteur clé de l'IA

1. « BUMP : marché publicitaire en 2019 », 19 mars 2020.
2. *Ibid.*
3. Observatoire de l'e-pub SRI, Bilan 2018, 21e édition, janvier 2019, p. 41.
4. Dina Srinivasan, *Why Google Dominates Advertising Markets Competition Policy Should Lean on the Principles of Financial Market Regulation*, Stanford University, 2020, p. 4.
5. Observatoire de l'e-pub, SRI, 2019.
6. Pour en savoir plus : Tim Hwang, *Subprime Attention Crisis : Advertising and the Time Bomb at the Heart of the Internet*, Farrar, Straus & Giroux, 2020.
7. Anne Perrot, Mathias Emmerich, Quentin Jagorel, « Publicité en ligne : pour un marché à armes égales », Inspection générale des finances, rapport n° 2020-M-039-04, p. 13.
8. Nico Neumann, Catherine E. Tucker, Timothy Whitfield, « Frontiers : How Effective Is Third-Party Consumer Profiling ? Evidence from Field Studies », *Marketing Science*, 38(6), 2019, p. 918.
9. Anne Perrot, Mathias Emmerich, Quentin Jagorel, *op. cit.*, p. 3.

10. Voir notamment les travaux de la chercheuse Sandra Matz, de la Columbia Business School.
11. *The Economic Cost of Keyword Blacklists for Online Publishers*, University of Baltimore, 2020, p. 5.
12. *Ibid.*, p. 6.
13. *Ibid.*, p. 4.
14. *Ibid.*, p. 7.
15. Anne Perrot, Mathias Emmerich, Quentin Jagorel, *op. cit.*, p. 14.
16. *Ibid.*, p. 13.
17. Ce chiffre est une estimation. Voir Anne Perrot, M. Emmerich, Quentin Jagorel, *op. cit.*, p. 14.
18. *Ibid.*, p. 10.
19. *Ibid.*, p.10.
20. Revenus de Google et Facebook au troisième trimestre 2020.
21. Renaud Fossard, Olivier Petitjean, *Big Corpo…*, *op. cit.*, p. 8.
22. *Ibid.*
23. « Media Time Will Tilt Digital in France in 2017 », eMarketer.com, 22 novembre 2016.
24. Didier Courbet, Marie-Pierre Fourquet-Courbet, Julien Intartaglia, « Publicité sur Internet : que reste- t-il des mots, que reste-t-il des images, trois mois après en mémoire implicite ? », *Revue des interactions humaines médiatisées (RIHM)/Journal of Human Mediated Interactions*, Europia, 2008, 9(1), p. 1-24.
25. Pierre Rabhi, Juliette Duquesne, *Vivre mieux sans croissance*, Presses du Châtelet, 2019.
26. Alphabet Announces, Third Quarter 2020 Results.
27. Facebook, Q3 2020 Results.

IV. Les données, ou l'art de l'indiscrétion généralisée

1. Commission européenne, « L'outil de surveillance du marché européen des données : faits et chiffres clés, premières conclusions, paysage des données et histoires quantifiées », rapport d'étude final-note de synthèse, 2020, p. 6.

2. EDRi, « Online Advertising Industry Is Out of Control », NCC Report, 2020.
3. Chromium Blog, « Building A More Private Web : A Path Towards Making Third Party Cookies Obsolete », 14 janvier 2020.
4. Elleen Pan, Jingjing Ren, Martina Lindorfer, Christo Wilson, David Choffnes Panoptispy, « Characterizing Audio and Video Exfiltration from Android Applications », Sciendo, 2018. Étude citée par Olivier Tesquet, *À la trace*, Premier Parallèle, 2020.

V. Une société sous surveillance

1. Donnée vérifiée par Zhenchao Hu. Ce chiffre date de 2017 et a probablement déjà été dépassé.
2. *Ibid.*
3. *Ibid.*
4. Donnée issue du site web de la Banque mondiale.
5. Amos Toh, *Automated Hardship. How the Tech-Driven Overhaul of the UK's Social Security System Worsens Poverty*, Human Rights Watch, 2020.
6. Voir huitième partie, p. 171.
7. Contrairement aux autres, ces propos ne sont pas extraits d'une d'interview réalisée directement avec Olivier Tesquet, mais d'un colloque de la Cnil : « Droit(s) et libertés numériques au travail : réalités et horizons », 9 novembre 2020.

VI. Les démocraties fragilisées

1. Bilel Benbouzid, Emma Gauthier, Pedro Ramaciotti, Bertrand Roudier, Tommaso Venturini, « Le cadran de la visibilité de la sphère médiatique et politique sur YouTube : les effets de la recommandation algorithmique et manuelle », hal.archives-ouvertes.fr, 8 décembre 2020.
2. Soroush Vosoughi, Deb Roy, Sinan Aral, « The Spread of True and False News Online », *Science*, vol. 359, N° 63680, 9 mars 2018.

3. Rui Fan, Jichang Zhao, Yan Chen, Ke Xu, « Anger Is More Influential Than Joy : Sentiment Correlation in Weibo », *PLoS ONE*, 9(10), 2014.
4. Elanor Colleoni, Alessandro Rozza, Adam Arvidsson, « Echo Chamber or Public Sphere ? Predicting Political Orientation and Measuring Political Homophily in Twitter Using Big Data », *Journal of Communication*, vol. 64, n° 2, mars 2014, p. 325.
5. Miller Mcpherson, Lynn Smith-Lovin, James Cook, « Birds of a Feather : Homophily in Social Networks », *Annual Review of Sociology*, janvier 2001.
6. Samir Ghezlaoui, « Le rôle de la cyberdissidence dans la révolution tunisienne de 2011 », in Marcel Burger (éd.), *Discours des réseaux sociaux : enjeux publics, politiques et médiatiques*, De Boeck Supérieur, 2017.
7. Commission européenne, « A Multi-Dimensional Approach to Disinformation Report of the independent High Level Group on Fake News and Online Disinformation », 2018.
8. Chiffre obtenu auprès du service de presse de Facebook.
9. « Créer un cadre français de responsabilisation des réseaux sociaux : agir en France avec une ambition européenne », rapport de la mission « Régulation des réseaux sociaux - Expérimentation Facebook », remis au secrétaire d'État en charge du numérique, 2019.
10. « European Commission Proposal for a Regulation of the European Parliament and of the Council, on a Single Market For Digital Services (Digital Services Act) and Amending Directive », 2000/31/EC, p. 71.

VII. Les limites inhérentes à l'IA

1. Matthew J. Salganik, *et al.*, « Measuring the Predictability of Life Outcomes with a Scientific Mass Collaboration », *Proceedings of the National Academy of Sciences*, 117(15), 30 mars 2020.
2. Jeremy Ginsberg, Matthew Mohebbi, Rajan Patel, *et al.*, « Detecting Influenza Epidemics Using Search Engine Query Data », *Nature*, 457 (7232), 2009, et Declan Butler, « When Google Got Flu Wrong », *Nature*, 13 février 2013.

3. Toru Ishikawa, Hiromichi Fujiwara, Osamu Imai, Atsuyuki Okabe, « Wayfinding With a GPS-Based Mobile Navigation System : A Comparison With Maps and Direct Experience », *Journal of Environmental Psychology*, vol. 28, n° 1, 2008 ; Iva K. Brunec, Jessica Robin, Eva Zita Patai, Jason D. Ozubko, Amir-Homayoun Javadi, Morgan D. Barense, Hugo J. Spiers, Morris Moscovitch, « Cognitive Mapping Style Relates to Posterior-Anterior Hippocampal Volume Ratio », *Hippocampus*, vol. 29, n° 8, 3 février 2019 ; Amir-Homayoun Javadi, Beatrix Emo, Lorelei R. Howard, Fiona E. Zisch, Yichao Yu, Rebecca Knight, Joao Pinelo Silva, and Hugo J. Spiers, « Hippocampal and Prefrontal Processing of Network Topology to Simulate the Future », *Nature Communications*, vol. 8 (1), 2017.

4. Patrick J. Grother, Mei L. Ngan, Kayee K. Hanaoka, « Face Recognition Vendor Test. Part 3 : Demographic Effects », *National Institute of Standards and technology*, 2019, p. 2.

5. Pour en savoir plus : Karen Hao, « We read the paper that forced Timnit Gebru out of Google. Here's what it says », *MIT Technology Review*, 4 décembre 2020.

6. Mei L. Ngan, Patrick J. Grother, Kayee K. Hanaoka, « Ongoing Face Recognition Vendor Test (FRVT) Part 6B : Face recognition accuracy with face masks using post-COVID-19 algorithms », NIST Interagency/Internal Report (Nistir), p. ii.

7. *Ibid.*

8. Jeff Larson, Surya Mattu, Lauren Kirchner, Julia Angwin, « How We Analyzed the COMPAS Recidivism Algorithm », Propublica.org, 23 mai 2016.

9. Unesco, *Je rougirais si je pouvais : réduire la facture numérique entre les genres par l'éducation*, 2020, p. 16.

10. *Ibid.*

11. Promotion 2018-2019 « Molière », Groupe n° 12, « Éthique et responsabilité des algorithmes publics », rapport collectif sur commande d'une administration centrale, établi à la demande de la mission Etalab (direction interministérielle du numérique et du système d'information et de communication de l'État), p. 5.

VIII. La plus grande limite de l'IA : la pollution du numérique

1. Selon les études, le chiffre varie de 3,8 % (Frédéric Bordage, « Empreinte environnementale du numérique mondial », GreenIT.fr, 2019, p. 10) à 4 % (Ademe, *La Face cachée du numérique. Réduire les impacts du numérique sur l'environnement*, janvier 2021, p. 4).
2. Philippe Bihouix, *Le bonheur était pour demain. Les rêveries d'un ingénieur solitaire*, Seuil, coll. « Anthropocène », 2019, p. 150.
3. Frédéric Bordage, *op. cit.*
4. Collectif d'experts, « Impacts environnementaux du numérique en France », GreenIT.fr, 2021, p. 8.
5. *Ibid.*
6. *Ibid.*
7. « Impacts environnementaux du numérique en France », *op. cit.*, p. 10.
8. *Ibid.*
9. *Ibid.* Dans cette étude, les ressources prises en compte sont les ressources abiotiques
10. Frédéric Bordage, *op. cit.*, p. 12.
11. En France, les équipements des utilisateurs sont importés et fabriqués avec une énergie carbonée, contrairement à l'énergie nucléaire, utilisée pour produire de l'électricité. Voilà une des raisons pour lesquelles la part de la fabrication des équipements dans les émissions de gaz à effet de serre du numérique est plus importante en France par rapport à la moyenne mondiale. Le taux d'équipements numériques, plus élevé en France que celui de la moyenne mondiale, explique également cette différence.
12. Ademe, *La Face cachée du numérique…*, *op. cit.*
13. Donnée obtenue auprès du service de presse de l'Ademe.
14. Guillaume Chevrollier et Jean-Michel Houllegatte, « Rapport d'information fait au nom de la Commission de l'aménagement du territoire et du développement durable sur l'empreinte environnementale du numérique », n° 555 (2019-2020), 24 juin 2020, p. 9.
15. « Impacts environnementaux du numérique en France », *op. cit.*, p. 6.

16. « Impacts environnementaux du numérique en France », *op. cit.*, p. 7.
17. Ademe, *La Face cachée du numérique…*, *op. cit.*, p. 7.
18. *Ibid.*, p. 4.
19. Ademe, *Les Impacts du smartphone*, décembre 2019, p. 5.
20. « Pour une sobriété numérique », The Shift Project/Lean ICT, 4 octobre 2018, p. 31.
21. *Ibid.*
22. Guillaume Pitron, *La guerre des métaux rares. La face cachée de la transition énergétique et numérique*, Les Liens qui libèrent, 2018, p. 66.
23. OECD, *Global Material Resources Outlook to 2060. Economic Drivers and Environnemental Consequences*, 2018, p. 15.
24. Olivier Vidal, *Matières premières et énergie. Les enjeux de demain*, Iste éditions, 2018, p. 17.
25. *Ibid.*, p. 126.
26. « Pour une sobriété numérique », *op. cit.*, p. 26
27. Donnée obtenue auprès de Françoise Berthoud.
28. Pour plus d'informations sur les taux de recyclage : Markus A. Reuter *et al.*, « Metal Recycling. Opportunies, Limits, Infrastructure », Unep, septembre 2013.
29. Vanessa Forti, Cornelis Peter Baldé, Ruediger Kuehr, Garam Bel, « Suivi des déchets d'équipements électriques et électroniques à l'échelle mondiale pour 2020 : quantités, flux et possibilités offertes par l'économie circulaire », Université des Nations unies (Unu)/Institut des Nations unies pour la formation et la recherche (Unitar), Programme Scycle coadministré par l'Union internationale des télécommunications (UIT) et l'Association internationale des déchets solides (ISWA), Bonn/Genève/Rotterdam, p. 14.
30. *Ibid.*, p. 15.
31. *Ibid.*
32. Frédéric Bordage, *op. cit.*, p. 13.
33. *The Global Internet Phenomena*, Report Sandvine, 2019, p. 6.
34. Open AI, « AI and Compute », 16 mai 2018.
35. *Ibid.*
36. Strubell, *et al.*, « Energy and Policy Considerations for Deep Learning in NLP », ACL, 2019 ; et le dossier rédigé

par Anne-Laure Ligozat, « Impact environnemental de l'IA », Ecoinfo.cnrs.fr, 1er octobre 2019.

37. Pierre Boulet, « Consommation énergétique des technologies blockchain », Ecoinfo.cnrs.fr, 11 février 2020.

38. « IDC's Global DataSphere Forecast Shows Continued Steady Growth in the Creation and Consumption of Data », www.idc.com, 8 mai 2020.

39. Donnée obtenue par Philippe Bihouix.

40. Pierre Rabhi, Juliette Duquesne, *Vivre mieux sans croissance*, *op. cit.*

41. Joni Ikonen, Juha Salmilehto and Mikko Möttönen, « Energy-Efficient Quantum Computing », *npj Quantum Information*, 3, 14 avril 2017.

42. Banque mondiale, 2019.

43. *Measuring Digital Development. Facts and figures*, ITU Publications, 2020, p. 7.

44. *Measuring Digital Development. Facts and Figures*, ITU Publications, 2019, p. 7.

45. Gauthier Roussilhe, « La controverse de la 5G », Gauthierroussilhe.com, 2020.

46. *Ibid.*, p. 27.

47. *Ibid.*

48. *Ibid.*, p. 22.

49. *Ibid.*

50. « Maîtriser l'impact carbone de la 5G », Haut Conseil pour le climat, 2020, p. 6.

51. *Ibid.*

52. GreenIT.fr.

53. Guillaume Chevrollier, Jean-Michel Houllegatte, *op. cit.*

54. Bela Loto Hiffler, *Le Guide d'un numérique plus responsable*, Ademe, coll « Clés pour agir », décembre 2020, p. 101.

55. *Ibid.*, p. 131.

IX. Pour un numérique moins envahissant, plus sobre et plus libre

1. Vers des technologies sobres et résilientes. Pourquoi et comment développer l'innovation « low-tech » ? », La Fabrique écologique, 14 avril 2019, note 31, p. 22.
2. Pour plus de détails sur l'interopérabilité, voir p. 111 du présent ouvrage.
3. Dominique Cardon, *Culture numérique*, Les Presses de Sciences Po, 2019, p. 148.
4. Voir septième partie, p. 149.
5. « Rendez-nous notre objet d'aliénation favori ! ou pourquoi la technologie est le problème », Pièces et Main d'Œuvre, Grenoble, 30 septembre 2007, p. 2.
6. Ivan Illich, *La Convivialité*, Seuil, 1973, p. 45.
7. Ces outils de retranscription ont réalisé d'importants progrès ces dernières années, même s'ils commettent encore de nombreuses erreurs. Ils ne remplacent pas le travail de retranscription mais le facilitent.
8. La stratégie de la France pour l'IA a été dotée de 1,5 milliard d'euros de crédits publics sur la période 2018-2022.
9. Pour en savoir plus : Pierre Rabhi, Juliette Duquesne, *Vivre mieux sans croissance*, *op. cit.*

Conclusion

1. Pierre Rabhi, Juliette Duquesne, *Vivre mieux sans croissance*, *op. cit.*

Lexique

AGROÉCOLOGIE : selon Pierre Rabhi, l'agroécologie va bien plus loin que le cahier des charges de la bio. C'est une éthique de vie depuis des dizaines d'années : « L'agroécologie n'est pas une fin en soi, me semble-t-il, mais un prodigieux moyen qui peut nous permettre un autre regard sur le monde à partir de l'expérience objective du vivant. Pour devenir une véritable solution alternative, ce moyen doit s'accompagner d'une mutation de la conscience et d'un rapport différent à l'argent. » Dans le système agroécologique, le paysan est autonome. Il ne dépend pas des prix fixés sur les marchés mondiaux. Il n'utilise ni pesticides de synthèse ni engrais chimiques, mais du compost, des cultures associées… Il privilégie la polyculture et cultive en harmonie avec la nature. Pour en savoir plus : J. Duquesne. P. Rabhi, *Pour en finir avec la faim dans le monde*, « Carnets d'alerte », Presses du Châtelet, 2017.

ALGORITHME : « les algorithmes sont les recettes de cuisine des mathématiques », définit Nicolas Sabouret. Un algorithme est un ensemble fini de règles nécessaires à la résolution d'un calcul ou à l'obtention d'un résultat en un nombre fini d'étapes.

APPRENTISSAGE AUTOMATIQUE, OU *MACHINE LEARNING* : l'apprentissage automatique regroupe une partie des programmes d'intelligence artificielle. Ce sont les plus utilisés aujourd'hui. Ces programmes tentent de reproduire une décision à partir de l'historique des décisions de l'humain. Ils sont alimentés par des multiples données. « L'apprentissage est un processus par lequel un algorithme évalue et améliore ses performances sans l'intervention d'un programmeur, en répétant son exécution sur des jeux de données jusqu'à obtenir, de manière régulière, des résultats pertinents », ajoute Philippe Besse.

Apprentissage profond, ou *DEEP LEARNING* : l'apprentissage profond est un processus particulièrement adapté à des tâches complexes comme la reconnaissance d'image. Il s'appuie sur les réseaux de neurones artificiels qui ont des dizaines de couches. Pour un réseau de trois couches de mille neurones, il peut y avoir 400 000 paramètres à régler. Ces réseaux de neurones nécessitent une très grande base de données d'apprentissage.

Audience : au lieu de vendre directement les données des internautes, Google et Facebook vendent des audiences prédéfinies constituées grâce aux données que ces entreprises ont récoltées. Par exemple, afin de réaliser une publicité ciblée pour des robes fleuries, ces multinationales proposeront à l'entreprise de vêtements de mettre en avant sa publicité à des femmes de tel âge, ayant déjà acheté des robes à tel prix…

Biais : les biais d'algorithmes d'intelligence artificielle sont nombreux. Ils peuvent, par apprentissage, reproduire et renforcer les discriminations de la société à cause des données « ingérées », mais aussi à cause de la façon dont l'algorithme est conçu.

Bitcoin : le Bitcoin est une monnaie immatérielle décentralisée, se négociant de gré à gré et reposant sur des algorithmes complexes de cryptage. C'est un moyen de paiement direct en ligne. À la différence des monnaies classiques, le Bitcoin n'a pas de banque centrale. Son cours est très volatile.

CHATBOT : un *chatbot* est un agent conversationnel. À la suite d'une phase d'apprentissage plus ou moins complexe, ce robot est susceptible de dialoguer avec l'internaute et de répondre à des questions de façon plus ou moins pertinente.

COMPENSER, COMPENSATION : la compensation a commencé aux États-Unis. Par exemple, un entrepreneur veut créer un hôtel sur une zone humide. Il compensera son impact en restaurant une autre zone humide. Ces systèmes sont l'objet de nombreuses critiques. Ils donnent bonne conscience, alors qu'il est impossible de compenser la destruction d'une mangrove. Compenser des tonnes de CO_2 en plantant des arbres rencontre de nombreuses limites. Des entreprises qui plantent des eucalyptus sont loin de créer une forêt et ces plantations ont même des conséquences néfastes pour les sols.

COOKIES : les cookies sont des petits fichiers stockés sur l'ordinateur ou le téléphone par les sites visités. Les sites web les placent pour stocker des informations sur nos préférences.

CRISE DES *SUBPRIMES* : dans les années 2000, aux États-Unis, de nouveaux types de crédits hypothécaires ont été accordés à des ménages modestes. Ces familles se sont retrouvées dans l'impossibilité de payer lorsque les taux ont grimpé. Beaucoup trop de prêts avaient été accordés. Ces produits financiers ont été disséminés sur l'ensemble du système bancaire et financier. Ils étaient complexes, toxiques et tellement opaques que personne ne savait qui les possédait. Des banques du monde entier se sont retrouvées détentrices de ces produits financiers sans valeur, car adossés aux crédits de ménages devenus insolvables. En 2008, 25 % de la capitalisation boursière a disparu. Aux États-Unis, de nombreuses banques ont fait faillite, dont Lehmann Brothers.

Cryptomonnaie : les cryptomonnaies sont des monnaies numériques et virtuelles, c'est-à-dire sans pièces, billets, chèque ou carte bancaire. Non liée à une banque centrale, une cryptomonnaie n'est pas légale sur le plan juridique. Elle ne bénéficie d'aucun cours légal dans aucun pays.

Data scientist : un *data scientist* est un spécialiste de la science des données, pratique aux compétences plus étendues que la statistique. Il gère et donne du sens aux données d'une structure, entraîne des algorithmes afin, par exemple, d'aider à la prise de décisions.

Edward Snowden : ce célèbre lanceur d'alerte a révélé en 2013 des centaines de milliers de documents et d'informations qui ont permis de mettre en lumière la surveillance de masse, jugée illégale, de son employeur, la National Security Agency (NSA), via les géants d'Internet. Cette surveillance, mise en place aux États-Unis au nom de la lutte contre le terrorisme, n'aurait eu que très peu d'effets de cette nature.

Efficience des marchés : l'efficience des marchés financiers est une théorie néoclassique largement remise en cause par les récentes crises financières. Elle stipule que les marchés financiers sont autorégulateurs et que les cours boursiers intègrent rapidement toute l'information utile à la détermination du juste prix d'un actif financier. Ces mécanismes conduiraient à une allocation optimale du capital dans l'économie.

Fablab : contraction des termes anglais *fabrication laboratory* (« laboratoire de fabrication »). Il s'agit de lieux ouverts au public mutualisant des équipements et donnant accès à des outils de fabrication numérique. Ils permettent notamment l'échange des savoir-faire.

IA faible : elle regroupe les programmes d'intelligence artificielle conçus pour simuler ou mimer le comportement humain afin de résoudre un programme précis, c'est-à-dire l'ensemble de l'IA aujourd'hui.

IA FORTE : intelligence artificielle semblable aux compétences intellectuelles humaines, avec une conscience artificielle. Notre enquête a montré que cette IA n'est pas près d'exister et n'adviendra sans doute jamais.

INTERNET : composée de millions de réseaux informatiques, cette infrastructure de communication, comme la poste ou le téléphone, ne doit pas être confondue avec le web. Pourtant, dans le langage courant et y compris dans cet ouvrage, les termes « Internet » et « web » ont tendance à s'entremêler.

NUMÉRIQUE : le numérique renvoie à un secteur relatif associé au calcul, au nombre. Très employé, ce terme a pratiquement remplacé celui d'« informatique ». Ce glissement est regretté par certains spécialistes interrogés car le numérique paraît plus vague et moins matériel que l'informatique. Plus large, il correspond en quelque sorte aux applications permises par l'informatique.

OBSOLESCENCE PROGRAMMÉE : l'obsolescence programmée englobe toutes les ruses destinées à réduire la durée de vie des produits. Elle revêt plusieurs formes. Elle peut être technique (les fabricants mettent sciemment en place des astuces pour limiter la durée de vie du produit) ou liée au logiciel (les mises à jour bloquent l'appareil ou le ralentissent). La plus significative, cependant, est l'obsolescence esthétique, liée aux effets de mode : par le marketing ou la publicité, on pousse le consommateur à changer constamment de produits, alors qu'ils sont encore efficaces.

OUÏGHOURS : peuple autochtone de l'Asie centrale, les Ouïghours, turcophones et très majoritairement musulmans sunnites, sont la principale population du Xinjiang, région autonome reconquise en 1949 par la République populaire de Chine.

QUANT : professionnel de la finance qui développe des modèles mathématiques afin d'évaluer le prix des produits financiers, de se protéger contre les risques ou d'anticiper les mouvements des marchés financiers.

RANKING : le mot *ranking* signifie « classement, rang ». Il désigne la position occupée par un site web dans les pages de résultats d'un outil de recherche. Il peut également définir une pratique managériale qui tend à évaluer puis classer les collaborateurs ou les possibles futurs salariés.

WEB : terme employé pour parler du WWW, acronyme de *World Wide Web* (« Toile mondiale »), le web se sert du réseau informatique, Internet, comme support afin de diffuser des réseaux d'informations reliés les uns aux autres selon le principe de l'hypertexte.

Liste des personnes interrogées et citées

Interviews à retrouver en version longue sur le site www.carnetsdalerte.fr.

Abiteboul Serge, informaticien.
Alep Nicolas, formateur en informatique en rupture de ban.
Allard Laurence, chercheuse en sciences de la communication.
Arsène Sévérine, politologue et sinologue.
Ayache Nicholas, directeur scientifique de l'institut 3IA Côte d'Azur.
Barraud de Lagerie Pauline, sociologue.
Bayart Benjamin, cofondateur de La Quadrature du Net.
Becquet Jean-Christophe, vice-président de l'April.
Benbouzid Bilel, sociologue.
Berthoud Françoise, fondatrice du groupement de services CNRS EcoInfo.
Besnier Jean-Michel, philosophe.
Besse Philippe, mathématicien.
Bihouix Philippe, ingénieur.
Bordage Frédéric, fondateur de GreenIT.fr.
Bouleau Nicolas, mathématicien.
Bourgenot Thomas, porte-parole de Résistance à l'agression publicitaire.
Bourghelle David, économiste.
Bouverot Anne, présidente de la fondation Abeona.
Bouveyron Charles, directeur de l'institut 3IA Côte d'Azur.
Cardon Dominique, sociologue.
Charlet Jean, chercheur en IA.

CHASLOT Guillaume, fondateur d'Algo Transparency.
CHATELLIER Régis, chargé d'études prospectives de la Cnil.
CHENUT Éric, vice-président délégué de la MGEN.
CHRISTELLE, travaillleuse du clic au Burkina.
CITTON Yves, professeur de littérature et de médias.
DEVILLERS Laurence, professeure en intelligence artificielle.
DUFOUR Alma, chargée de campagne surproduction et surconsommation des Amis de la Terre.
EPELBOIN Fabrice, entrepreneur français, spécialiste des médias sociaux et du web.
FERREBŒUF Hugues, coordinateur des travaux relatifs au numérique du Shift Project.
FERREIRA Mickaël, expert de la publicité digitale.
FLORENT, salarié de Criteo.
FOURNIER Antonin, *fabmanager* au Simplon Lab.
FRENOUX Emmanuelle, chercheuse en informatique.
GAMBAUDO Jean-Marc, mathématicien.
GANASCIA Jean-Gabriel, informaticien et philosophe.
GARNIER Muriel, en charge du programme IA du laboratoire de l'égalité.
GAYRAUD Olivier, chargé de mission consommation de la CLCV.
GOOSSENS Daniel, chercheur en IA.
GOSSET Pierre-Yves, délégué général et codirecteur de Framasoft.
GREUSSAY Patrick, chercheur en IA.
GUIELLA Gildas, fondateur du WakatLab au Burkina Faso.
GUILLAUD Hubert, journaliste.
GUILLEMANT Philippe, ingénieur physicien.
HANAU Thierry, expert industrie de l'association négaWatt.
JACQUEMART Damien, *data scientist*.
JULIA Luc, coconcepteur de Siri.
KELLER Arthur, ingénieur.
LATRÈCHE Habib, salarié d'Amazon.
LEBOUCHER Guillaume, directeur d'Openvalue.
LECLERCQ Guillaume, développeur indépendant.
LEPLÂTRE Simon, journaliste, correspondant à Shanghai.
LI, travailleur du clic en Chine.
LIAN, travailleur du clic en Chine.
LIDDELL Laurie, juriste à l'association de consommateurs UFC Que choisir.

Ligozat Anne-Laure, chercheuse en informatique.
Maudet Nicolas, chercheur en informatique.
Méda Dominique, sociologue.
Megali Théophile, chercheur spécialisé en publicité ciblée.
Meunier Émile, conseiller écologiste de Paris.
Miramond Benoît, chercheur en IA.
Mocq François, créateur d'un blog sur le Raspberry Pi.
Montalban Matthieu, économiste.
Nitot Tristan, ancien directeur du moteur de recherche français Qwant.
Perron Christophe, cofondateur de Neutral-it.
Petillault Pierre, directeur général d'Alliance de la presse d'information générale.
Plihon Dominique, économiste.
Reyhan Dilnur, présidente de l'Institut ouïghour d'Europe.
Rimbert Florent, responsable du pôle développement numérique d'Alliance de la presse d'information générale.
Roussilhe Gauthier, designer.
Sabouret Nicolas, chercheur en IA.
Sauret Marie-Jean, psychanalyste.
Stora Alexandre, responsable formation à l'institut Quantmetry.
Sylvia, travailleuse du clic au Burkina Faso.
Tarissan Fabien, chercheur en informatique.
Testart Jacques, biologiste.
Tréguer Félix, sociologue et membre fondateur de La Quadrature du Net.
Vidal Olivier, chercheur en minéralogie.
Vitali Jean, consultant en IA.
Wang Alain, sinologue.
Yong Tao, étudiant.
Yong Zhang, ingénieur en construction.
Zolynski Célia, professeure de droit privé.

Personnes citées mais non interrogées directement :

Casilli Antonio, sociologue.
Tesquet Olivier, journaliste.

Bibliographie

Abiteboul Serge, Dowek Gilles, *Le Temps des algorithmes*, Le Pommier, 2017.

Alep Nicolas, Laïnae Julia, *Contre l'alternumérisme*, La Lenteur, 2020.

Benbouzid Bilel, Cardon Dominique (dir.), *Machines prédictives, réseaux revue*, La Découverte, 2018.

Besnier Jean-Michel, *Demain les posthumains. Le futur a-t-il encore besoin de nous ?*, Fayard, 2010.

Bihouix Philippe, *L'Âge des low-tech*, Seuil, 2014.

——, *Le Bonheur était pour demain. Les rêveries d'un ingénieur solitaire*, Seuil, coll. « Anthropocène », 2019.

Bordage Frédéric, *Sobriété numérique. Les clés pour agir*, Buchet et Chastel, 2019.

Cardon Dominique, *À quoi rêvent les algorithmes. Nos vies à l'heure des Big Data*, Seuil, 2015.

——, *Culture numérique*, Sciences Po Les Presses, 2019.

——, *La Démocratie Internet*, Promesses et limites, Seuil, 2010.

Cardon Dominique, Casilli A. Antonio, *Qu'est-ce que le Digital Labor ?*, Ina, 2015.

Casilli A. Antonio, *En attendant les robots. Enquête sur le travail du clic*, Seuil, 2019.

Citton Yves (dir.), *L'Économie de l'attention*, La Découverte, 2014.

Citton Yves, *Pour une écologie de l'attention*, Seuil, 2014.

DEVILLERS Laurence, *La Souveraineté numérique dans l'après-crise*, Éditions de l'Observatoire, 2020.
——, *Les Robots émotionnels*, Éditions de l'Observatoire, 2020.
EKELAND Ivar, ROCHET Jean-Charles, *Il faut taxer la spéculation financière*, Odile Jacob, 2020.
FLIPO Fabrice, *L'Impératif de la sobriété numérique. L'enjeu des modes de vie*, Éditions Matériologiques, 2020.
GANASCIA Jean-Gabriel, *Le Mythe de la singularité. Faut-il craindre l'intelligence artificielle ?*, Seuil, 2017.
GUILLEMANT Philippe, *Le Pic de l'esprit*, Guy Trédaniel, 2017.
HWANG Tim, *Subprime Attention Crisis, Advertising and the Time Bomb at the Heart of the Internet*, 2020.
ILLICH Ivan, *La Convivialité*, Seuil, 1973.
JULIA Luc, *L'Intelligence artificielle n'existe pas*, First Éditions, 2019.
MÉDA Dominique, ABDELNOUR Sarah, *Les Nouveaux Travailleurs des applis*, Puf, 2019.
MONTALBAN Matthieu, *Rester humain, Lacan et le lien social postmoderne*, coll. « Résonances », Stilus, 2020.
MOROZOV Evgeny, *Pour tout résoudre cliquez ici*, Éditions Fyp, 2014.
NITOT Tristan, *Surveillance://*, C&F Éditions, 2016.
PITRON Guillaume, *La Guerre des métaux rares. La face cachée de la transition énergétique et numérique*, Les Liens qui libèrent, 2018.
SABOURET Nicolas, *Comprendre l'intelligence artificielle*, Ellipses, 2019.
VION-DURY Philippe, *L'avenir sera low-tech*, hors-série, Socialter, mai-juin 2019.
TARISSAN Fabien, *Au cœur des réseaux. Des sciences aux citoyens*, Le Pommier, 2019.
TESQUET Olivier, *À la trace*, Premier Parallèle, 2020.
TESTART Jacques, *Au péril de l'humain*, Seuil, 2018.

TRÉGUER Félix, *L'Utopie déchue, une contre-histoire d'Internet, XVe-XXIe siècle*, Fayard, 2020.
VIDAL Olivier, *Matières premières et énergie. Les enjeux de demain*, Iste éditions, 2018.
ZUBOFF Shoshana, *L'Âge du capitalisme de surveillance*, Zulma, 2020.

SITOGRAPHIE :

www.ademe.fr
www.algotransparency.org
www.amisdelaterre.org
www.april.org
www.clcv.org
www.cnil.fr
www.ecoinfo.cnrs.fr
www.framasoft.org
www.framboise314.fr
www.greenit.fr
www.halteobsolescence.org
www.internetactu.net
www.laquadrature.net
www.negawatt.org
www.quechoisir.org

POUR EN SAVOIR PLUS SUR LES « CARNETS D'ALERTE » OU CONTACTER LES AUTEURS :

www.carnetsdalerte.fr
www.fonds-pierre-rabhi.org
www.julietteduquesne.fr
www.pierrerabhi.org

Table

L'intelligence artificielle,
fille de l'aptitude humaine 7
Enquête 25
Introduction 29

PREMIÈRE PARTIE
L'IA, ENTRE MYTHES ET RÉALITÉS

Définir l'intelligence artificielle 34
L'improbable création d'une IA superpuissante 40
L'IA, une porte vers le transhumanisme 44
Derrière les machines,
d'innombrables petites mains 47

DEUXIÈME PARTIE
L'INTELLIGENCE ARTIFICIELLE AU QUOTIDIEN

L'IA et la santé 55
La voiture autonome 61
De l'IA au cœur de nos sociétés 63
La finance, un secteur précurseur 73

TROISIÈME PARTIE

LA PUBLICITÉ, UN SECTEUR CLÉ DE L'IA

La publicité,
grande utilisatrice d'intelligence artificielle 79
Une grande perdante : la presse 84
L'économie de l'attention 88
La publicité, grand financeur de l'IA 91

QUATRIÈME PARTIE

LES DONNÉES, OU L'ART DE L'INDISCRÉTION GÉNÉRALISÉE

Une réglementation avancée en Europe 95
Les moyens de prélever des données 103
La puissance des Gafam 108

CINQUIÈME PARTIE

UNE SOCIÉTÉ SOUS SURVEILLANCE

La Chine,
première dictature numérique du monde 113
La surveillance des citoyens 122
La surveillance des salariés 128
Le risque de la paranoïa généralisée 130

SIXIÈME PARTIE

LES DÉMOCRATIES FRAGILISÉES

La polarisation des débats 133
Les fausses informations 142
Les Gafam au-dessus des États ? 145

SEPTIÈME PARTIE

LES LIMITES INHÉRENTES À L'IA

La standardisation de l'humain 149
Le renforcement des discriminations 155
De la responsabilisation à la transparence 163

HUITIÈME PARTIE

LA PLUS GRANDE LIMITE DE L'IA : LA POLLUTION DU NUMÉRIQUE

Les équipements,
la plus grande source de pollution 173
Stocker les données 181
La 5G, un débat révélateur 188
Les mesures urgentes à adopter 192

NEUVIÈME PARTIE

POUR UN NUMÉRIQUE MOINS ENVAHISSANT, PLUS SOBRE ET PLUS LIBRE

La sobriété numérique 199
Le monde du libre 206
Une réduction rigoureuse de nos usages 212

Conclusion 219
Chiffres clés 221

Entretien avec Pierre Rabhi 223

Notes 235
Lexique 247
Liste des personnes interrogées et citées 253
Bibliographie 256

Remerciements

Nous avons fait appel au financement participatif afin de financer les enquêtes « Carnets d'alerte ». Nous remercions sincèrement les contributeurs : Alain Martineau, Pierre Grange, Isabelle Leparcq, Joseph Ziadé, Christian Barthès, Christine Mengin, Pierre Duquesne, Françoise Duquenne, Michel Moreau, Aurore Roussel, Michel Fulla, Hervé Pigeanne, Thomas Moreau, Alain Pigeanne, Jean-Pierre et Karine Jauvion, Hubert Perrin, Sylvie et Denis Coste, Jean Humbert, Valerio Muzzolini, Jacques Duquesne, Pierre Crescenzo, Julie Trottier, Blanche Magarinos-Rey, Latifa Abbas, Valery Tsimba, Colin Dujardin, Christian Halary, Rabah Boussouira et Nolwenn Godard.

Cet ouvrage a été composé
Par Soft Office à Eybens (Isère)

Impression réalisée par
CPI France
en avril 2021
pour le compte des Presses du Châtelet
département éditorial
de la S.A.S. Écriture-Communication.

Imprimé en France
N° d'impression : 3043043
Dépôt légal : mai 2021